100LICKS**CLASICOS**DE **BLUES**PARA**GUITARRA**

Aprende 100 licks para guitarra de blues al estilo de los 20 mejores guitarristas del mundo

JOSEPH**ALEXANDER**

FUNDAMENTAL**CHANGES**

100 licks clásicos de blues para guitarra

Aprende 100 licks de blues para guitarra al estilo de los 20 mejores guitarristas del mundo

ISBN: 978-1-789330-00-7

Publicado por **www.fundamental-changes.com**

Derechos de autor © 2019 Joseph Alexander

El derecho moral de este autor se ha reconocido.

www.fundamental-changes.com

Twitter: **@guitar_joseph**

Más de 10,000 seguidores en Facebook: **FundamentalChangesInGuitar**

Instagram: **FundamentalChanges**

Para obtener más de 350 lecciones de guitarra gratuitas con video visita

www.fundamental-changes.com

Derechos de autor de la imagen de portada: Shutterstock: Andrzej Sowa

Contents

Introducción

"¿Al estilo de…?" ¿Eso qué significa?!

Para escribir este libro nos hemos sumergido completamente en la música de cada uno de los artistas incluidos, y hemos pasado horas escuchando cientos de canciones. Si bien estos cien licks no han sido transcritos directamente de las grabaciones, los hemos hecho tan estilísticamente precisos como hemos podido. Cada uno de los cinco licks para cada artista está diseñado para encapsular la forma en que abordan los solos en apenas un par de compases.

La idea es que un lick de B.B. King (por ejemplo) de este libro debería hacerte decir "¡Ahhh! ¡Sí, eso suena a B.B. King!"

Por supuesto, es imposible encapsular a un intérprete en solo cinco frases. Los músicos presentados aquí son individuos increíblemente talentosos y complejos, con gran vocabulario y profundidad. Se podría dedicar un libro completo a cada uno… Tal vez algún día podamos hacer eso.

Las frases presentadas aquí son un punto de partida para tu exploración de cada guitarrista. Si trabajas con todos los ejemplos de este libro y los practicas correctamente, construirás un poderoso arsenal de vocabulario de blues y estarás en camino a desarrollar tu propio estilo. De la misma manera que con los idiomas desarrollas tu propio vocabulario estudiando las palabras de los demás.

Es posible que hayas comprado este libro como un atajo para tocar la guitarra líder de blues. Estamos seguros de que te servirá, especialmente con los aspectos estilísticos de cada intérprete. La mayoría del vocabulario del blues está basado en la pentatónica, pero la forma en que cada guitarrista hace que cada frase sea personal y única es probablemente lo más valioso que este libro te puede ofrecer.

La mejor práctica que puedes hacer es transcribir los solos de tus artistas favoritos. Apaga el teléfono celular, cierra Facebook y simplemente siéntate con tu guitarra tratando de descifrar los licks que más te gustan. Al igual que cuando imitas el lenguaje de tus padres, gradualmente desarrollarás un vocabulario propio en el estilo que te gusta.

Cuando transcribas (y cuando estudies este libro), escoge con cuidado las líneas más sobresalientes y domínalas nota por nota, tal como lo hiciste cuando eras un bebé cuando intentabas hacer tus primeros sonidos.

Finalmente, por favor descarga el audio del libro. Leer música en el papel es una cosa, pero realmente tienes que escuchar cada lick para tener una idea de cómo se toca. El blues tiene todo que ver con el sentimiento, y mientras la notación te mostrará las notas, el audio te dará el fraseo y los matices, que son súper importantes. Las instrucciones para obtener el audio de forma gratuita se encuentran en la página siguiente.

Sobre todo, diviértete explorando la música de estos increíbles guitarristas de blues. Aplica todo musicalmente y concéntrate en aprender solo lo que te gusta escuchar.

Nosotros lo pasamos genial al escribir este libro. Esperamos que sea igualmente divertido de aprender y te brinde una visión única de la música de los guitarristas que más te gustan.

¡Buena suerte!

Joseph y Pete

Obtén el audio

Los archivos de audio de este libro se pueden descargar de forma gratuita en **www.fundamental-changes. com.** El enlace se encuentra en la esquina superior derecha. Sólo tienes que seleccionar el título de este libro en el menú desplegable y seguir las instrucciones para obtener el audio.

Recomendamos que primero descargues los archivos directamente a tu computador, no a tu tableta, y extraerlos allí antes de añadirlos a tu biblioteca multimedia. Luego, ya puedes ponerlos en tu tableta, iPod o grabarlos en un CD. En la página de descarga hay un archivo de ayuda en PDF y también ofrecemos soporte técnico a través del formulario en la página de descargas.

Kindle / eReaders

Para sacarle el mayor provecho a este libro, recuerda que puedes **pulsar dos veces sobre cualquier imagen para verla más grande**. Apaga la "visualización en columnas" y mantén tu Kindle en modo horizontal.

Obtén tu audio gratis ahora:

Hará que el libro cobre vida, ¡y aprenderás mucho más!

www.fundamental-changes.com/download-audio

Si tienes algún problema por favor contáctanos antes de escribir una opinión negativa. Hay una dirección de correo electrónico al final del libro.

Las muy pocas opiniones negativas que recibimos generalmente se deben a problemas técnicos o de audio que podemos resolver rápidamente para ti. Es realmente frustrante obtener una opinión negativa en Amazon por algo con lo que podemos ayudar fácilmente.

Cómo usar este libro

Mi consejo es elegir a tu guitarrista favorito y sumergirte en sus licks. Presta atención a los acordes sobre los que se toca cada lick ya que tienen un efecto profundo en el sentimiento de la melodía. Cuando ya tengas una comprensión básica del lick, tócalo junto con la pista de acompañamiento para hacerte una idea del mismo (incluso si tienes que tocarlo a 1/4 de la velocidad), antes de volver a aislarlo para aumentar la velocidad con un metrónomo.

Cuando tengas mayor confianza, intenta tocar la línea de diferentes maneras. Puedes comenzar el lick en diferentes puntos del compás y experimentar con fraseos diferentes. ¿Qué tal si haces un *slide* en lugar de un *bend*?... ¿O tocar con *hammer-ons* en lugar de puntear? ¿Cómo puedes hacer que cada lick sea tuyo?

Finalmente, usa cada lick como base para tus propios solos. Aprende a desarrollar el lick cambiando las notas, la colocación, el fraseo, extendiendo, contrayendo... hay cientos de formas de alterar una frase musical, así que confía en tus oídos y diviértete. ¡Es imposible cometer errores! Trata cada lick como la semilla de un solo y mira a dónde te lleva.

Mi libro, **Fraseo melódico en guitarra de blues**, profundiza en todos estos conceptos y más, enseñándote a desarrollar un lenguaje musical propio con autenticidad y muy buen fraseo. Aprenderás todo sobre la colocación y la descolocación, y lo recomiendo como un compañero ideal para este libro.

Muchos lick de blues están formados con notas de la escala menor pentatónica. Si esta idea es nueva para ti, no te preocupes, no hay necesidad de entender la teoría para hacer música, pero mi libro **Guía práctica de la teoría de música moderna para guitarristas** te ayudará en gran medida a comprender estos conceptos.

Algunos de los licks de los intérpretes más veloces como Gary Moore, Stevie Ray Vaughan y Joe Bonamassa son técnicamente exigentes, ya que se tocan rápidamente e incluyen muchas subdivisiones de notas rápidas. Si esos licks son demasiado rápidos para ti en este momento, no te preocupes porque tocarlas con el tempo original es un objetivo a largo plazo.

Siempre hay mucho que aprender de cualquier lick, incluso si solo tomas una pequeña parte y lo tocas a una velocidad más lenta. Descubrirás que las formas utilizadas y la sensación general de la línea serán mucho más útiles para ti que trabajar durante meses para perfeccionar un lick en su tempo original.

Si necesitas aumentar tu velocidad, o cualquier otro aspecto de tu técnica de guitarra, te recomiendo nuestros libros más populares **Técnica completa para guitarra moderna** y **Gimnasio de dedos para guitarra**.

Nota acerca del tono

Al compilar este libro, una cosa que resultó obvia de inmediato fue que el lenguaje de muchos de los maestros del blues (en términos de elección de escalas) era notablemente similar. De hecho, aparte de sus diferencias de fraseo, lo único que realmente los diferenció y ayudó a identificar a cada intérprete fue el tono de su guitarra.

En el blues, el tono de la guitarra es algo tan único y personal que puede hacer que tu interpretación suene completamente diferente. Un lick tocado con un *drive* moderno y saturado sonará completamente diferente (y te llevará a un lugar creativo diferente) que un Fender Twin a punto de averiarse.

Hicimos todo lo posible para obtener el tono correcto para cada grabación y te sugerimos que intentes al menos copiar los sonidos de las descargas. Cada biografía te da sugerencias de amplificadores y guitarras y es muy divertido para experimentar. Pete y yo somos firmes creyentes en el software de modelado de amplificadores Scuffham por ser una biblioteca de tonos de bajo costo. Dale un vistazo en **www.scuffhamamps.com**.

T-Bone Walker

Aaron Thibeaux "T-Bone" Walker, nació en 1910 en Texas, EE.UU. Cuando era joven, Walker aprendió a tocar varios instrumentos, incluidos el piano, el violín, el banjo y el ukelele, ya que sus dos padres, junto con su padrastro, eran músicos.

Walker comenzó su carrera musical cuando era adolescente y su familia era amiga de Blind Lemon Jefferson; uno de los artistas de blues más populares de la década de 1920. Jefferson influyó en Walker para seguir una carrera en la música, y a la edad de 15 años ya era un artista profesional que trabajaba en el circuito de blues del sur.

Hizo su debut discográfico en 1929 para Columbia Records y, a la edad de 25 años, trabajó regularmente en clubes de Los Ángeles, como cantante y como guitarrista. En la década de 1940, Walker se presentaba en Chicago y su composición más conocida, *Call It Stormy Monday*, data de este período. Gran parte de su trabajo más conocido se llevó a cabo a finales de los 40s y los 50s cuando grababa para Black and White Records, Imperial Records y para el sello Atlantic.

A principios de los 60s, Walker experimentó una caída en sus ventas a pesar de haber producido varios álbumes en solitario muy aclamados. Finalmente ganó un premio Grammy en 1971 por *Good Feelin'*. Sin embargo, a mediados de los 70s, Walker sufría de cada vez más impedimentos de salud y tuvo un derrame cerebral en 1974 antes de fallecer en 1975 a la edad de solo 64 años.

T-Bone Walker es uno de los guitarristas de blues más influyentes del siglo XX y fue muy admirado por Chuck Berry, B.B. King y Jimi Hendrix. Es ampliamente considerado como el primer guitarrista de blues eléctrico de importancia y era un gran animador cuando tocaba en vivo. Muchas de las acrobacias que Chuck Berry y más tarde Jimi Hendrix disfrutarían haciendo en el escenario fueron extraídas directamente de las rutinas en vivo de Walker, como tocar la guitarra de espaldas y tocar con los dientes.

Varias de sus canciones han sido grabadas por reconocidos artistas de rock y blues, sobre todo *Call It Stormy Monday*, de la cual han hecho versiones tanto Bobby Bland como The Allman Brothers Band en su álbum *Fillmore live* de 1971. El legado de Walker todavía se celebra cada año en Texas en el T-Bone Walker Blues Festival.

Walker es asociado principalmente con las primeras guitarras Gibson de cuerpo hueco comenzando con la ES-250, y luego con los modelos ES-5 y ES-335 cuando creció la producción de guitarras semi-huecas de Gibson. En cuanto a amplificadores, generalmente prefería el tono limpio de un Gibson EH-130 o un combo Fender 4x10 Bassman.

La manera en que T-Bone Walker usaba la escala de blues influyó en muchos guitarristas de rock y blues posteriores y a veces incluía elementos de jazz en su interpretación. Cuando las cuerdas de calibre delgado se volvieron fácilmente accesibles, comenzó a explorar con los bends de intervalos amplios, lo cual se ha convertido en un elemento básico de la guitarra de blues moderna.

A Walker se le atribuye a menudo el haberle presentado la guitarra eléctrica de blues al público en general como un instrumento solista legítimo, y no solo como un instrumento restringido al rol rítmico.

Música recomendada

T-Bone Walker - Complete Imperial Recordings 1950-1954

T-Bone Walker – T-Bone Blues

T-Bone Walker – Good Feelin'

T-Bone Walker – Every Day I Have the Blues

Licks de T-Bone Walker

Estos licks están escritos en tonalidad de G.

Comenzando con un acorde G9 sin la fundamental que puede sonar un poco inusual sin la pista de acompañamiento, la primera línea de T-Bone Walker utiliza la escala de G menor pentatónica de principio a fin. Después de una serie de repetidos bends con el tercer dedo, la segunda mitad del segundo compás introduce una frase pentatónica que ha formado la base de los licks de todos los guitarristas de blues más importantes.

Ejemplo 1a:

Esta línea comienza con un simple descenso por la forma 1 de la escala menor pentatónica, pero la parte un poco más desafiante es la segunda mitad de la línea donde la melodía va al doble de la velocidad y desciende con la escala de G blues. En la quinta cuerda, usa los dedos tres, dos y luego uno, luego tu meñique en la sexta cuerda antes de saltar de nuevo al C# (4) con tu segundo dedo.

Ejemplo 1b:

El ejemplo 1c es una línea lírica y saltarina, y debes asegurarte de mantener cada nota por su valor completo. El primer movimiento es un hammer-on común "de la 3ra menor a la mayor" que escucharás todo el tiempo en el blues y el country. El salto de cuerda a la fundamental en la primera cuerda da pie al slide distante en el noveno traste (E) con tu segundo dedo. La E es la 3ra mayor del acorde C9 y aborda el cambio de acordes maravillosamente.

Toco el "11" del segundo compás con el tercer dedo, pero tal vez quieras usar el cuarto para poder organizar el resto de la línea de una manera un poco más lógica.

Ejemplo 1c:

La siguiente línea pasa de G mayor pentatónica en la primera mitad del primer compás a G menor pentatónica en la segunda. También hay una nota mixolidia adicional en el último tiempo, intenta identificarla con tu oído. El segundo compás entero usa un bend para llegar a la 3ra mayor del acorde C9 mientras mantiene una nota estática (el b7) en la cuerda E alta. Sostener esta nota y aplicar bend al mismo tiempo es un poco incómodo, así que quizás quieras omitir la nota más alta al comienzo. Usa el cuarto dedo para sostener el "6" y haz el bend con el segundo dedo. Coloca el primer dedo detrás en la misma cuerda para darle apoyo.

Ejemplo 1d:

El mismo movimiento con bends aparece al final del último ejemplo de T-Bone y está precedido por una doble cuerda (dos notas tocadas al mismo tiempo) repetida en las dos cuerdas del medio. Para darle más vida, intenta agregar un vibrato amplio y deslizarte hacia la primera nota de cada tresillo. El pulso cuatro contiene el lick cliché de blues una vez más.

Ejemplo 1e:

Elmore James

Uno de los guitarristas y compositores de blues más influyentes del siglo XX, Elmore James nació como Elmore Brooks en 1918 en Richland, Mississippi, EE.UU. Se convirtió en una influencia significativa para muchos artistas de rock y blues posteriores, varios de los cuales hicieron versiones de sus canciones. El estilo de guitarra slide de James influyó en muchos intérpretes luego de su muerte y fue uno de los favoritos de Jimi Hendrix, Roy Buchanan, Duane Allman y Brian Jones de los Rolling Stones.

Criado como el hijo ilegítimo de una ayudante de campo de 15 años llamada Leola Brooks, su padre probablemente era un hombre llamado Joe Willie "Frost" James, y Elmore tomó su apellido. Comenzó a hacer música a la temprana edad de 12 años, usando un instrumento rudimentario de una sola cuerda llamado arco diddley (o jitterbug) que estaba ensartado en la pared de una choza. Cuando todavía era un adolescente, se presentaba regularmente en bailes locales bajo los nombres artísticos de Joe Willie James y Cleanhead.

Durante la Segunda Guerra Mundial, James se unió a la Marina de los Estados Unidos, fue ascendido a timonel y participó en la invasión de Guam durante la campaña del Pacífico. Tras ser dado de alto, regresó al Mississippi central y se instaló en la ciudad de Canton con su hermano adoptivo Robert Holston.

Trabajando en la tienda de electricidad de Holston, creó su sonido único de guitarra eléctrica con piezas de repuesto de la tienda y una ubicación inusual de dos pastillas DeArmond. Por esta época, James también supo que tenía una enfermedad cardíaca grave que lo afectaría durante gran parte del resto de su vida.

La composición y la interpretación de James estuvieron fuertemente influenciadas por los primeros maestros del blues como Robert Johnson, Tampa Red y Kokomo Arnold, y más tarde grabó varias de las composiciones de Red.

Elmore James comenzó a grabar para el sello Trumpet Records en enero de 1951, comenzando como acompañante de Sonny Boy Williamson y también de Willie Love. Hizo su debut discográfico como líder de sesión en agosto de 1951 con su canción más conocida, *Dust My Broom* (originalmente compuesta por Robert Johnson). Esta canción se convirtió en un éxito inesperado en las listas de 1952.

James terminó su contrato con Trumpet Records poco tiempo después para firmar con Bihari Brothers, una estrategia diseñada por su caza talentos Ike Turner quien tocó guitarra y piano en algunas de sus grabaciones.

A mediados de los 50s, James grabó para varios otros sellos discográficos, incluyendo Flair Records, Modern Records y Meteor Records. Además, tocó la guitarra líder en el éxito de 1954, *TV Mama*.

En 1959, James estaba grabando para Fire Records y lanzó algunos de sus trabajos más conocidos, incluidos *The Sky Is Crying* y *Shake Your Moneymaker*. Estas canciones más tarde se convirtieron en las favoritas para hacer covers para artistas como Fleetwood Mac y Stevie Ray Vaughan.

Elmore James falleció de un ataque al corazón en mayo de 1963 a la edad de 45 años mientras se preparaba para una gira por Europa.

La selección de guitarras y amplificación de James era notablemente simple, generalmente prefiriendo una guitarra acústica Kay equipada con una pastilla DeArmond sobre la boca de la guitarra o, a veces una guitarra Silvertone de cuerpo sólido. En cuanto a amplificación, se reporta que usó un modelo inicial del combo Gibson. Al igual que muchos guitarristas de slide, James prefirió el uso de afinaciones abiertas.

Tocaba con frecuencia usando la afinación D abierta (como se usa en *Dust My Broom*) que es D A D F# A D (afinada de bajo a alto).

Música recomendada

Elmore James – Blues After Hours

Elmore James – Dust My Broom

Elmore James – The Sky is Crying

Elmore James – King of the Slide Guitar

Licks de Elmore James

Estos licks están escritos en tonalidad de D.

El primer lick de Elmore James se basa en una tríada de D mayor simple para esbozar el acorde. También suena muy bien con slide, simplemente deslízate hasta el 15vo traste en lugar de hacer el bend en el 13vo traste en el compás dos.

Ejemplo 2a:

El ejemplo 2b comienza con otra idea de tríada mayor, esta vez con un hammer-on de gracia desde la 3ra menor a la mayor, y continúa con una idea mixolidia descendente en la segunda mitad del compás. Digo mixolidia, pero podría ser visto simplemente como la combinación de las escalas pentatónicas mayor y menor. El "12" en el pulso 3 es la nota difícil de catalogar. De todas formas, aprende el sonido y úsalo en tus propias improvisaciones.

Intenta deslizarte de arriba hacia abajo y de abajo hacia arriba desde el "7" en el compás dos, nota la diferencia en el ritmo entre los hammer-ons de los compases uno y dos.

Ejemplo 2b:

El tercer lick de Elmore James está en afinación D abierta; DADF#AD de bajo a alto. Contiene únicamente un acorde D mayor rítmico con un movimiento de 3ra menor a mayor en la tercera cuerda.

Ejemplo 2c:

La siguiente es una línea larga y lenta compuesta por bends muy elaborados y bellamente fraseados. El primer bend que se suelta va desde el 2do grado de la escala de D mayor pentatónica (E) hasta el 3ro (F#). Esto es menos común en el blues que un bend en el b3, pero suena perfecto aquí. En la segunda mitad del compás 1, se toca el más común bend en b3 antes de descender a un bend que se suelta desde el 4to de la escala (G) hasta el 5to (A).

Ejemplo 2d:

El ejemplo 2e demuestra cómo se puede usar la melodía para decorar y esbozar progresiones de acordes. Observa cómo la doble cuerda se aborda de manera diferente cada vez con slides y hammer-ons. Agrega un vibrato sutil para hacer que esta línea simple brille y resplandezca.

Ejemplo 2e:

Albert King

Albert King nació como Albert Nelson en 1923 en una plantación de algodón en Mississippi, EE.UU. Comenzó su carrera musical cantando música góspel en la iglesia mientras trabajaba en el campo cosechando algodón. King fue apodado "Velvet Bulldozer" (la excavadora de terciopelo) debido a su gran tamaño y estilo de canto emotivo. Según los informes, medía entre 1.93 y 2 metros de alto y pesaba alrededor de 113 kilogramos. Junto con B.B. y Freddy King, es considerado uno de los "Three Kings" del blues eléctrico, aunque no estaba relacionado con ninguno de los dos y simplemente adoptó su apellido.

Al inicio de su carrera tocó en Arkansas, Indiana y Missouri, antes de mudarse a Chicago a principios de los 50s. Lanzó su primer sencillo en 1953, pero fue hasta 1963 que encontró el éxito comercial con *Don't Throw Your Love On Me So Strong*. Después de varios cambios de sello discográfico y decepcionantes ventas de sus sencillos, King se mudó a Memphis, donde se asoció con el famoso sello Stax y grabó con el legendario grupo de sesión Booker T & the MGs.

King grabó muchos sencillos con este grupo incluida su pista más conocida, *Born Under a Bad Sign*, de la cual han hecho versiones muchos otros artistas de blues y rock. Las grabaciones que King hizo en esta época están consideradas entre las mejores de sus trabajos y las refinada produccione de R&B en Stax las hicieron extremadamente buenas para la radio. El álbum de King, *Live Wire / Blues Power* (grabado en el Auditorio Fillmore de Bill Graham) le ayudó a King a llamar la atención de muchos guitarristas de rock influenciados por el blues de época como Eric Clapton, Gary Moore y Stevie Ray Vaughan.

En los 70s, King se vio cada vez más influenciado por la música funk y, en un intento por mantener el éxito comercial, produjo una serie de álbumes que presentaban arreglos de cuerdas y partes de guitarra rítmica con influencias del funk. En 1975, King tuvo problemas contractuales con el sello Stax, que finalmente se declaró en bancarrota. Se pasó a otra disquera antes de tomar un receso de las grabaciones por cuatro años.

King volvió a tocar blues en los 80s, en parte debido al renovado interés en el género creado por artistas como Stevie Ray Vaughan, y a pesar de los crecientes problemas de salud, continuó haciendo giras. Grabó su último álbum de estudio en 1984 y continuó tocando en vivo hasta su muerte en 1992 a causa de un ataque al corazón.

King era famoso por tener un sonido único y un estilo distintivo. Su elección de guitarra era una Gibson Flying "V", de la que más tarde hizo un modelo signature. Su tono de guitarra en general era bastante limpio, aunque experimentó con un overdrive leve para producir un sonido más cálido y vocal.

Por lo general, afinaba sus guitarras abajo del tono de concierto y, a menudo tocaba en una afinación abierta, aunque los informes varían al reportar las notas exactas que utilizaba. King usó con mayor frecuencia un amplificador acústico de estado sólido con altavoces gemelos de 15 pulgadas. Rara vez usaba pedales de efectos, pero de vez en cuando empleó una MXR Phase 90 más tarde en su carrera.

De manera característica, usó una guitarra diestra pero la tocó al revés en posición zurda. Esto significaba que las cuerdas estaban dispuestas en sentido opuesto a la afinación normal, y esto lo llevó a crear bends de blues con un sonido único que son difíciles de emular en una guitarra afinada de manera convencional. King supuestamente poseía manos increíblemente fuertes que le permitían hacer bends más amplios que otros intérpretes del género.

El enfoque de vibrato y bend de King ha sido copiado por muchos guitarristas de rock y blues y fue una gran influencia para Stevie Ray Vaughan.

Música recomendada

Albert King – King of the Blues Guitar

Albert King – I'll Play the Blues For You

Albert King – Live Wire/Blues Power

Albert King – I Wanna Get Funky

Licks de Albert King

Estos licks están escritos en tonalidad de A.

El fondo rápido y directo en 4/4 en la tonalidad de A le da un toque más rockero a estos licks, y querrás agregar un poco de overdrive a tu amplificador para obtener el sentimiento correcto.

La primera línea de Albert King es una declaración osada y audaz en A menor pentatónica que podría marcar la pauta para un solo entero. No hay mucho que decir sobre este; escucha el audio para entender el sentimiento y experimenta con la duración y el tiempo de los bends.

Ejemplo 3a:

El lick 2 es otra idea agresiva, ¡así que dale duro con tu plectro y tócala con "furia"! Se basa en la forma dos de la escala menor pentatónica (conocida como la "B.B. Box", llamada así por ser el área favorita de de B.B. King en la guitarra), y solo contiene una idea de escala ascendente y descendente con algunos bends y vibrato. Ponte en la actitud correcta y el fraseo saldrá fácil.

Ejemplo 3b:

De nuevo en la forma uno, esta línea es engañosa. Los primeros cuatro bends de 1/2 tono son fáciles, pero el quinto es un pre-bend de tono completo que requerirá cierta precisión. La segunda mitad del segundo compás incluye algunos pull-offs que podrían ser los precursores de parte del estilo de Jimi Page con Led Zeppelin. Usa los dedos primero y tercero en toda la línea.

Ejemplo 3c:

El lick cuatro comienza con un elemento básico del blues menor pentatónico; un bend en la tercera cuerda, luego una pequeña cejilla en las cuerdas segunda y primera antes de terminar en el b7 de la escala (G). Una idea similar se toca en el segundo compás pero suena muy diferente sin los bends. Como siempre, agrega vibrato a las notas más largas.

Ejemplo 3d:

La línea final de Albert King comienza con una idea similar al ejemplo 3d, pero esta es un poco más difícil. Tendrás que escuchar el audio para entender el tiempo y notar la diferencia entre el bend de tono entero y los de 1/4 de tono en el compás 2.

Ejemplo 3e:

B.B. King

Riley Benjamin "B.B." King nació en 1925 en Mississippi, EE.UU., y es uno de los músicos de blues más influyentes y exitosos de todos los tiempos. Hijo de granjeros, fue criado por su abuela luego de que sus padres se separaron. Su primera experiencia musical fue como miembro de un coro de góspel.

El interés de King por la guitarra parece haber comenzado alrededor de los 12 años de edad cuando adquirió su primera guitarra. Se interesó por el blues que escuchó en la radio y, a finales de los 40s, ya hacía presentaciones regularmente y contaba con seguidores entusiastas.

En 1949, King había firmado un contrato discográfico con RPM Records y también había formado su propia banda, The B.B. King Review. La reputación de King como guitarrista, cantante y compositor ya estaba bien establecida en los 50s y tuvo una serie de sencillos exitosos durante esta década como *Sweet Little Angel* y *Every Day I Have the Blues*. Estos sencillos lo ayudaron a lograr un gran éxito comercial y realizó giras casi todo el tiempo.

En los 60s, King era un músico de blues bien establecido y exitoso de considerable popularidad, y el boom del blues británico de mediados de los 60s ayudó a mantenerlo en la mira del público a nivel mundial. B.B. King también realizó una gira de apoyo con los Rolling Stones en 1969, la cual le dio mucha visibilidad entre un nuevo público de rock, en su mayoría blancos. En 1970, su canción *The Thrill Is Gone* ganó un premio Grammy.

King fue uno de los músicos de blues más trabajadores de su generación, regularmente hacía 300 presentaciones al año y continuó haciéndolo casi hasta su muerte en 2015. King colaboró con muchos otros artistas durante su larga carrera (incluido U2 en el sencillo *When Love Comes to Town* en 1988). Apareció en varias películas y fue un invitado habitual de televisión. Prácticamente todo guitarrista de blues de la actualidad ha sido influenciado por la interpretación y la composición de King, y la revista Rolling Stone lo ubicó en el puesto 6 de su lista de los 100 mejores guitarristas de todos los tiempos.

El estilo de interpretación de B.B. King es reconocible al instante y se caracteriza por un vibrato rico y melodioso que ha sido copiado por muchos guitarristas. Utilizando sobre todo las escalas de blues y pentatónicas, su forma de tocar, especialmente su fraseo, era extremadamente vocal, sin duda influenciado por su maravilloso talento como cantante. King raramente tocaba acordes; en cambio, usaba la guitarra principalmente para apoyar su canto.

Aunque King usó una Fender Esquire al principio de su carrera, es mejor conocido por usar la Gibson ES-355 que cariñosamente llamó Lucille. En 1980, la compañía Gibson lanzó un modelo B.B. King Lucille y en 2005 fabricó una versión limitada de 80 versiones de edición especial para celebrar el cumpleaños número 80 de King.

King prefería los amplificadores de sonido limpio y claro, y usó por mucho tiempo un Lab Series L5 2x12 que era popular entre varios guitarristas a finales de los 70s y los 80s, pero que ya está descontinuado.

B.B. King ocasionalmente usaba un amplificador Fender Twin Reverb pero en muy raras ocasiones usaba efectos en el tono de su guitarra, haciendo cualquier cambio de tono requerido con sus dedos y el instrumento en sí.

Música recomendada

B.B. King – Singin' the Blues

B.B. King – Live at the Regal

B.B. King – Live In Cook County Jail

B.B. King – Riding with the King

Licks de B.B. King

Estos licks están escritos en tonalidad de A menor.

King fue un maestro en hacer que tan solo unas pocas notas dijeran mucho y el ejemplo 4a pretende mostrar eso. Toda la línea se toca en la "B.B. Box", su área favorita de exploración de la escala menor pentatónica, y tiene todo que ver con la sutileza y la expresión. Escucha el audio para oír el fraseo y la diferencia en el ataque del plectro en toda la línea. Presta mucha atención al vibrato ya que es de allí de donde esta línea obtiene su sentimiento.

Ejemplo 4a:

El ejemplo 4b explora la habilidad de King para construir un solo con apenas unas pocas notas. Lo que hace es tan sutil que, si bien las notas son fáciles de tocar en el papel, la mejor forma de sumergirse en estas ideas es escuchando cuidadosamente las pistas de audio y tratar de copiar el fraseo y la dinámica. El vibrato es una pieza muy importante del rompecabezas y el de B.B. es difícil de emular. La experimentación es la clave y escuchar sus grabaciones originales es fundamental.

Ejemplo 4b:

El ejemplo 4c es otro ejemplo poco denso; imagina estas líneas trabajando junto con melodías vocales cortas. La colocación lo es todo, y no te olvides de experimentar con el ataque del plectro.

Ejemplo 4c:

El cambio de posición entre los compases uno y dos en el ejemplo 4d es deliberado y está diseñado para crear un tono contrastante entre los bends de cada compás. Las fundamentales de tono alto en el compás final son una "marca registrada" de B.B. King; no te olvides de deslizarte hacia atrás después de la última nota.

Ejemplo 4d:

El ejemplo 4e busca mantener las líneas cortas y separadas. ¿Ves cómo se repite el bend inicial una octava más arriba en el tercer compás? Esta es una buena forma de aprovechar al máximo una expresión breve y poderosa. B.B. nos enseña que no tenemos que esforzarnos constantemente para encontrar nuevas ideas; con cierto tipo de economía, es posible aprovechar al máximo frases similares tocadas en octavas diferentes.

Ejemplo 4e:

Albert Collins

Albert Collins nació en Leona, Texas en 1932 y era primo del músico de blues Lightnin' Hopkins. Fue gracias a esta influencia que Collins se empezó a interesar por la guitarra de blues, aunque tomó clases de piano durante un tiempo antes de pasarse a la guitarra como su instrumento principal. A los 18 años de edad, Collins formó su propio grupo, The Rhythm Rockers, donde comenzó a desarrollar su técnica y sonido de guitarra característicos. También trabajó como conductor de camión y ranchero.

El inicio de la carrera musical de Collins tuvo su base principalmente en Houston, Texas, hasta que se extendieron los rumores de sus habilidades para tocar, y para mediados de los 50s ya era considerado un prometedor guitarrista de blues. Eventualmente fue invitado a grabar para Kangaroo Records con quien produjo su primer sencillo, *The Freeze*.

A finales de los 60s, el grupo Canned Heat se interesó en Collins y organizó para él la firma con Imperial Records en California. Para ese entonces, la reputación de Collins crecía rápidamente y él trabajó constantemente en el circuito de la costa oeste, tocando en lugares famosos como el Fillmore West y el Whiskey a Go Go. En diciembre de 1970, su álbum debut, *The Cool Sounds of Albert Collins*, fue relanzado como *Truckin' with Albert Collins* por Blue Thumb Records.

En los 70s, Collins continuó grabando y haciendo giras con regularidad y produjo discos para Alligator Records y Munich Records. En 1978, se presentó con la banda holandesa Barrelhouse en su primera aparición en vivo fuera de los Estados Unidos y esto lo promovió ante una nueva audiencia europea. Una aparición en 1985 en la sección estadounidense de Live Aid también ayudó a elevar el perfil de Collins a nivel internacional y pasó gran parte de los 80s aprovechando este éxito.

En 1993 Collins enfermó mientras estaba de gira en Suiza y le diagnosticaron cáncer; lamentablemente falleció en noviembre de ese año a los 61 años. Collins es una gran influencia para muchos guitarristas de blues y esta fue especialmente popular con Stevie Ray Vaughan.

El estilo de Collins se caracterizó por un vibrato rápido y melodías pentatónicas precisas que a menudo complementaban su voz sin igual. Tocaba principalmente con el pulgar, en lugar de la púa, y lo usó para golpear las cuerdas de la guitarra contra el diapasón. Utilizaba una afinación abierta de F menor (F C F Ab C F) poco ortodoxa y colocaba una cejilla en el 5to, 6to o 7mo trastes dependiendo de la tonalidad en la que estuviera tocando.

El instrumento predilecto de Albert Collins era una Fender Telecaster, en la cual solo usó la pastilla del puente para crear su característico tono de guitarra ultra brillante. Esto lo llevó a ser conocido como *The Iceman*. Muchas de sus canciones juegan con este apodo, como *Ice Pick*, *Frosty*, *Thaw Out*, *Frostbite*, *Defrost* y *Don't Lose Your Cool*.

En cuanto a amplificadores, Collins generalmente prefería los combos de válvulas de Fender Quad Reverb con los agudos bien altos.

Música recomendada

Albert Collins – Cold Snap

Albert Collins – Iceman

Albert Collins – Frozen Alive

Albert Collins – The Complete Imperial Recordings

Licks de Albert Collins

Estos licks están escritos en tonalidad de A.

El ejemplo 5a comienza con algunos bends clásicos de menor pentatónica antes de descender por la escala utilizando pull-offs rápidos. Ten cuidado con la (corta) nota final de staccato en la frase. El compás dos se engancha con la sensación dinámica de la pista antes de que otra serie de bends termine en un amplio bend de tono y medio en el décimo traste.

Bends amplios como estos pueden ser difíciles de hacer al principio. Usa el tercer dedo y dale soporte ubicando los dedos segundo y primero en la cuerda detrás de él. El vibrato se crea bajando ligeramente el bend antes de volver a subirlo al tono repetidamente.

Ejemplo 5a:

La siguiente idea tiene una sensación casi de "canción infantil" en la melodía y el fraseo. Ten en cuenta que los primeros bends no se sueltan; en lugar de eso, haces el bend e inmediatamente saltas a la nota más baja que le sigue. Esto puede parecer extraño al principio, pero trabaja en ello porque es una parte importante del lenguaje de la guitarra de blues.

La melodía en el compás tres involucra muchas de las mismas notas que en los compases uno y dos, pero tocadas en las cuerdas más altas para crear un cambio interesante en el tono y la textura.

Nota el fraseo ligeramente vivaz del último bend y la forma de soltarlo en el compás cuatro.

Ejemplo 5b:

El fraseo matizado ocurre en todo el ejemplo 5c, así que escucha el audio y toca junto con la pista para que te salga bien. Aparte del fraseo, la línea es bastante sencilla y usa una idea común del blues que consiste en una doble cuerda de *unísono*. La nota en la tercera cuerda se eleva con un bend para que suene idéntica a la nota sostenida en la segunda cuerda (la fundamental, A). ¡Notarás rápidamente si tus bends están desafinados!

Ejemplo 5c:

El comienzo del ejemplo 5d lo conforma una secuencia de escala descendente en A menor pentatónica que no sonaría mal en un solo de Van Halen. La línea asciende de nuevo en el segundo compás a través del algo inusual 7mo grado natural de A; G#. El G# agrega un hermoso e inesperado color, así que acéptalo y úsalo en tu propia interpretación.

La parte más difícil técnicamente de la línea es el salto repentino al bend al final del segundo compás. Yo tendería a usar mi cuarto dedo aquí, pero muchos otros guitarristas optarían por el tercero. Elige lo que sea cómodo para ti y no ignores el vibrato en las notas más largas.

Ejemplo 5d:

Otro lick secuencial finaliza la sección de Albert Collins. De nuevo, este tipo de idea forma parte del vocabulario de todos, desde Jimmy Page hasta Paul Gilbert. La secuencia está puntuada maravillosamente por el bend lento en el compás dos. La clave en todas las líneas de blues es la confianza. Puntea fuerte y no tengas miedo de sonar demasiado duro.

Ejemplo 5e:

Freddie King

Freddie King nació en septiembre de 1934 y se crió en Gilmer, Texas, donde su madre y su tío le enseñaron a tocar la guitarra a los 6 años. King tocó blues acústico al principio, al estilo de intérpretes como Lightin' Hopkins, pero al llegar a la adolescencia ya se había inclinado por los tonos eléctricos más crudos del estilo de blues de Chicago.

A los 16 años, su familia se mudó a Chicago, donde frecuentó clubes de música locales y escuchó a músicos de blues populares como Muddy Waters, Jimmy Rogers, Robert Jr. Lockwood, Little Walter y Eddie Taylor. Inspirado por estos artistas, King formó su propia banda, The Every Hour Blues Boys y comenzó a tocar en vivo.

A mediados de los 50s, King ya tenía discos con Parrott y Chess Records, además de actuar con los Blues Cats de Earle Payton y la Little Sonny Cooper Band. La primera grabación solista de King fue en 1957 cuando grabó *Country Boy* para el pequeño sello independiente El-Bee. Sin embargo, el sencillo no logró ser un éxito en ventas y tuvo poca atención del público.

En 1960, King firmó con Federal Records y grabó su primer sencillo para el sello, *You've Got to Love Her with a Feeling*. El sencillo apareció en septiembre de 1960 y se convirtió en un éxito menor a principios de 1961. Esto fue seguido por la instrumental *Hide Away*, la composición que se convertiría en su grabación más influyente. Fue adaptada por King y Magic Sam de una pieza instrumental original de Hound Dog Taylor y el nombre hacía referencia a uno de los bares más populares de Chicago. Fue lanzado como el lado B de *I Love the Woman* en el otoño de 1961 y se convirtió en un gran éxito, alcanzando el quinto puesto en las listas de R&B. De *Hide Away* hicieron versiones más tarde Eric Clapton (con John Mayall) y Stevie Ray Vaughan.

El primer álbum solista de King, *Freddy King Sings*, se lanzó en 1961, y fue seguido más tarde ese mismo año por *Let's Hide Away and Dance Away with Freddy King: Strictly Instrumental*. En 1961, grabó otra serie de instrumentales de blues, incluyendo *San-Ho-Zay*, *The Stumble* y *I'm Tore Down*, que son clásicos del blues de los cuales han hecho versiones artistas como Magic Sam, Stevie Ray Vaughan, Dave Edmunds y Peter Green.

La influencia de King se escuchó durante todo el auge del blues y el rock de mediados y finales de los 60s, sobre todo cuando Eric Clapton eligió la canción *Hide Away* como su instrumental de exhibición con John Mayall en 1965.

King firmó con el sello Atlantic/Cotillion en 1968, y lanzó *Freddie King is a Blues Master* el año siguiente y *My Feeling for the Blues* en 1970.

En 1974, firmó un contrato con Robert Stigwood Organization (RSO) Records (el sello discográfico de Eric Clapton en ese momento) y lanzó *Burglar*, que fue producido y grabado con Clapton. King hizo giras en Norte América, Europa y Australia y lanzó su segundo álbum con RSO, *Larger Than Life* en 1975.

A pesar de la mala salud por su dieta y un calendario sin pausa de 300 fechas por año, Freddie King hizo una gira en Norte América en 1976, pero lamentablemente murió el 29 de diciembre de 1976 de pancreatitis a la edad de 42 años.

Conocido como uno de los "Three Kings" del blues, junto a B.B. King y Albert King, Freddie fue considerado uno de los guitarristas más influyentes de su generación. El "Texas Cannonball" (la bala de cañón de Texas) no solo era conocido por tocar la guitarra, sino también por su poderosa voz y talento como compositor. King también fue uno de los primeros intérpretes del blues en emplear una banda multirracial.

El estilo de la guitarra de King era una amalgama de patrones de cuerdas al aire del blues de Texas y corridas pentatónicas y bends del estilo de Chicago. Tocaba tanto con púa como con los dedos y a menudo usaba estos últimos para variar la dinámica en su interpretación. También utilizó el punteo con los dedos y el pulgar para lograr un ataque más agresivo en el instrumento.

El estilo de King influenció a muchos músicos de rock y blues durante los 60s y 70s, incluyendo a artistas como Eric Clapton y Peter Green, y sus composiciones siguen siendo interpretadas por músicos contemporáneos de blues como Joe Bonamassa y Walter Trout.

El instrumento preferido de King al principio de su carrera fue una guitarra Gibson Les Paul Gold Top con pastillas sencillas P-90, aunque luego se cambió a una Gibson ES-335 equipada con humbuckers. Utilizó amplificadores Gibson como el GA-40 y posteriormente usó combos de válvulas de Fender como el Quad Reverb y Dual Showman, con el volumen y los agudos al máximo.

Música recomendada

Freddie King – Burglar

Freddie King – Let's Hide Away and Dance Away with Freddie King

Freddie King – Gives You a Bonanza of Instrumentals

Freddie King – Just Pickin'

Licks de Freddie King

Estos licks están escritos en tonalidad de C.

Con tu tono comenzando a desintegrarse, puntea con fuerza en estos licks de Freddie King para hacer que tu amplificador suene con overdrive.

La primera línea es agresiva y menor pentatónica todo el tiempo. La característica principal es el hammer-on de doble cuerda en el compás uno, que debes tocar con tu primer dedo, y luego con el tercer dedo haciendo cejilla en ambas notas. En el segundo compás, siéntete libre de aplicarle un rizo a la doble cuerda con tu dedo índice.

Ejemplo 6a:

La colocación de los bends es la característica interesante en lo que de otra manera sería una simple frase menor pentatónica descendente. Cada bend se ejecuta fuera de ritmo, así que ten cuidado con tu fraseo.

Ejemplo 6b:

El ejemplo 6c tiene bastante acción y las corcheas surcan la frase con un impulso considerable.

Una vez más, esta línea comienza fuera de ritmo y empieza con un bend de 3ra menor a mayor con el cual ya deberías estar familiarizado. El bend en 10 es del 2do al 3ro de la escala que viste por primera vez en el ejemplo 2d y le sigue una idea descendente que se mete en el territorio de la menor pentatónica. No tengas miedo de añadir un ligero rizo (un bend pequeñísimo) a la nota final en el compás tres para empujarla ligeramente de regreso hacia territorio mayor.

Ejemplo 6c:

La siguiente frase combina a la perfección las escalas menor y mayor pentatónicas y debería ayudarte a generar bastantes ideas para hacer tus propias exploraciones. De nuevo, las corcheas que marcan la pauta exponen muy bien el estilo de Freddie King y te arrastran con fuerza hasta el final del compás sin que tengas tiempo para detenerte a respirar.

Ejemplo 6d:

La parte más desafiante del ejemplo 6e es el salto de cuerda entre el bend en la tercera cuerda y la *nota pedal* en la primera. Permite que la punta de tu primer dedo toque suavemente la segunda cuerda para mantenerla en silencio al tocar esta frase.

Observa que el primer bend debes soltarlo y se toca de forma diferente a todos los demás en este lick.

Ejemplo 6e:

Otis Rush

Otis Rush nació en abril de 1934 en Philadelphia, Mississippi, hijo de Julia Campbell Boyd y O.C. Rush, quienes tuvieron siete hijos en total. Rush trabajó en los campos cercanos para ayudar a su madre y el primer instrumento que tocó fue la armónica. Más tarde se cambió a la guitarra, tocando el instrumento de forma ambidiestra, tanto con la mano izquierda como al contrario.

Rush se mudó a Chicago en 1948, donde se inspiró para tocar y escribir su propio material, y en 1954 comenzó a tocar la guitarra en serio, inspirado por el Delta blues de Muddy Waters y Howlin' Wolf, y más tarde por las grabaciones de B.B. y Albert King.

Rush rápidamente llamó la atención de los otros guitarristas en el circuito de blues de Chicago y el bajista Willie Dixon lo ayudó a conseguir un contrato de grabación con Cobra Records en 1956. Grabó para el sello hasta 1958 y lanzó ocho sencillos en total, algunos con Ike Turner o Jody Williams en la guitarra. Su primer sencillo, *I Can't Quit You Baby* se lanzó en 1956 y alcanzó el número 6 en la lista de R&B de Billboard. Durante su tiempo con Cobra, grabó algunas de sus canciones más conocidas, como *Double Trouble* y *All Your Love*.

Tras el colapso de Cobra Records, Rush firmó un nuevo contrato discográfico con Chess en 1960 y grabó ocho pistas para este sello. Seis de estas fueron luego incluidas en el álbum *Door to Door* en 1969, una compilación que también contó con canciones de Albert King. En 1965, grabó para Vanguard y estas grabaciones se incluyen en el álbum recopilatorio del sello: *Chicago/The Blues/Today Vol. 2*.

Rush comenzó a tocar por todo Estados Unidos y Europa durante los 60s, sobre todo en el American Folk Blues Festival. En 1969, su álbum *Mourning in the Morning* fue grabado en FAME Studios y lanzado por Cotillion Records. Incorporó música soul y rock; una nueva dirección musical para Rush.

En 1971, Otis Rush grabó *Right Place, Wrong Time* para Capitol Records, pero inexplicablemente no lo lanzaron. Finalmente se publicó en 1976 cuando Rush compró el máster de Capitol y desde entonces se ha ganado la reputación de ser una de sus mejores obras. También lanzó álbumes para Delmark y Sonet Records en Europa en los 70s, pero para finales de la década ya había dejado de tocar y grabar.

Rush regresó en 1985 con una gira por los Estados Unidos y el lanzamiento de un álbum en vivo, *Tops*, grabado en el San Francisco Blues Festival. Lanzó *Ain't Enough Comin'* en 1994, su primer álbum de estudio en 16 años. *Any Place I'm Goin'* le siguió en 1998 y le valió su primer Grammy al Mejor Álbum de Blues Tradicional.

Rush continuó haciendo giras y presentaciones hasta 2004 cuando sufrió un derrame cerebral. Ahora, al haber cumplido sus 80 años, está casi retirado, pero es ampliamente venerado como uno de los grandes guitarristas del blues de Chicago.

El estilo de guitarra de Otis Rush es ampliamente imitado y su influencia se puede escuchar en intérpretes como Eric Clapton y Peter Green. Su inusual disposición de guitarra zurda (con cuerdas invertidas) le permite tocar bends muy distintivos acoplados con un vibrato melódico. Usualmente utilizando escalas de blues y pentatónicas tradicionales en sus solos, logra gran dinámica y variedad.

Rush ha experimentado con diferentes modelos de guitarra en su carrera y más frecuentemente se le ve tocando una Gibson ES-355, aunque también ha usado varias Fender Stratocaster y una Epiphone Riviera a veces. En cuento a amplificadores, generalmente prefiere los combos de Fender como Twin Reverb y Super Reverb.

Música recomendada

Otis Rush – Right Place, Wrong Time

Otis Rush – Cold Day in Hell

Otis Rush – Lost in the Blues

Otis Rush – Live at Montreux 1986

Licks de Otis Rush

Estos licks están escritos en tonalidad de F# menor.

El ejemplo 7a consiste completamente en una idea de tríada menor en F# que se ajusta a la forma 4 de la escala menor pentatónica. Ten cuidado con la precisión de tu punteo en el salto de cuerda y experimenta deslizándose hacia varias notas. La sensación de *shuffle* aquí puede ser nueva para ti al principio, así que asegúrate de que puedes ir a la par con la pista de audio.

Ejemplo 7a:

La siguiente línea está formada por trinos separados y con staccato bien arriba en el diapasón. Está toda en la forma 1 menor pentatónica, pero el menor espacio en los trastes puede resultarte un poco más difícil. Deja que el bend final siga sonando.

Ejemplo 7b:

La frase más rápida en el segundo compás deberá verse por partes para poder dominarla correctamente, pues atraviesa los tiempos y es un poco impredecible. Te sugiero que domines los primeros dos tiempos antes de pasar al siguiente. Revisa cuáles notas se puntean y cuáles se tocan como legato, ya que tienen una gran influencia en el sonido de la línea. Otis Rush tenía un fraseo inusual y se necesita paciencia para imitarlo.

Ejemplo 7c:

No hay nada demasiado complejo en el ejemplo 7d, pero es interesante observar cómo puedes utilizar el movimiento de 3ra menor a mayor para subir por el diapasón desde la posición 1 a la posición 2 en la escala menor pentatónica. Concéntrate en la precisión rítmica con las semicorcheas y los tresillos en el compás dos.

Ejemplo 7d:

El ejemplo 7e muestra cómo una frase distintiva de menores pentatónicas puede convertirse en un riff. Imagina esta línea de cuatro compases siendo la base de la sección vocal de una canción.

El salto de cuerda realmente hace que esta frase se destaque y el bend rápido en el 4to traste también ayuda a agregar movimiento e interés. Aunque normalmente les aconsejo a mis alumnos que siempre empujen la cuerda hacia arriba en cualquier bend, en este caso tiro de la tercera cuerda hacia abajo, hacia la segunda cuerda, para ayudarme a tocar esta línea lo suficientemente rápido.

Ejemplo 7e:

Buddy Guy

George "Buddy" Guy nació en Lettsworth, Louisiana el 30 de julio de 1936, y aprendió a tocar la guitarra en un instrumento casero de dos cuerdas construido con alambre delgado y latas. Luego, Guy se hizo a una guitarra acústica normal y comenzó a absorber las influencias de los músicos de blues contemporáneos como T-Bone Walker, B.B. King y Lightnin' Hopkins.

Cuando su familia se trasladó a Baton Rouge, Guy tuvo la oportunidad de ver las presentaciones de Lightnin' Slim y Guitar Slim, cuyo sonido y carisma en el escenario le dejaron una impresión duradera. Comenzó a tocar profesionalmente como acompañante de John "Big Poppa" Tilley.

En 1957, Guy grabó un demo en una estación de radio local y envió una copia a Chess Records, el sello que fue el hogar de gigantes como Muddy Waters, Howlin' Wolf y Etta James, antes de mudarse a Chicago, decidido a seguir una carrera en la música.

Guy no tuvo éxito de inmediato en Chicago y al principio le fue difícil encontrar trabajo, hasta que su interpretación y su carisma dinámicos (que a menudo incluía subirse a tocar en las barras y mesas), hicieron que ganara con frecuencia los concursos de talentos en los clubes que frecuentaba. Guy se hizo amigo de muchos artistas de blues con trayectoria, incluyendo Muddy Waters, Otis Rush, Freddie King y Magic Sam, y finalmente logró un acuerdo para presentarse regularmente en el 708 Club, donde se convirtió en una atracción popular.

En 1958, Magic Sam intervino para que Buddy conociera a Harold Burrage, dueño del sello local de blues Cobra Records, y Guy firmó pronto con el sello hermano de Cobra, Artistic Records, donde Willie Dixon produjo el sencillo de Guy, *Sit and Cry*. En 1959, Artistic Records cerró y Guy firmó un trato en Chess. Su primer sencillo para Chess en 1960, *First Time I Met the Blues* fue un éxito y se convirtió en una de sus canciones más conocidas. Aunque Guy tuvo algunos éxitos menores en Chess con sencillos como *Stone Crazy* y *When My Left Eye Jumps*, gran parte de su trabajo fue como acompañante, ofreciendo sus habilidades como guitarrista en sesiones con Muddy Waters, Koko Taylor, Howlin' Wolf, Little Walter y muchos otros.

Chess no lanzó ningún álbum con Guy hasta 1967 con *I Left My Blues in San Francisco*, y cuando se acabó su contrato con la discográfica firmó inmediatamente con Vanguard que lanzó *A Man and the Blues* en 1968.

Por esos momentos, la popularidad de Guy iba en aumento entre los entusiastas del blues tradicional y las audiencias blancas más jóvenes. Sus grabaciones para Vanguard le permitieron mostrar un sonido más duro y agresivo que fue la cáracterística de sus presentaciones en vivo. Sin embargo, no había abandonado por completo el enfoque más sutil que había usado con Junior Wells y grabaron un álbum juntos que incluía a Junior Mance en el piano llamado *Buddy and the Juniors*. En 1972, Eric Clapton ayudó a Guy a producir el álbum *Buddy Guy and Junior Wells Play the Blues*.

A finales de los 70s, Guy no tenía contrato discográfico en Estado Unidos, y se mantuvo a sí mismo en la década de 1980 con extensas giras y presentaciones en vivo, a menudo en Europa. En 1989, Guy abrió su propia discoteca en Chicago, *Buddy Guy's Legends*, donde con frecuencia actuó y fue anfitrión de otros actos de blues de alta categoría.

En 1991, finalmente obtuvo un contrato de grabación internacional con la marca Silvertone y su primer lanzamiento, *Damn Right, I've Got the Blues*, obtuvo el oro y le valió un Grammy por Mejor álbum de blues contemporáneo. *Feels Like Rain* de 1993, y *Slippin'* de 1994 ganaron otros Premios Grammy.

En el 2004, Guy ganó el W.C. Handy Award de la American Blues Foundation por 23ª vez, y se llevó a casa su sexto Grammy en el 2010 por el álbum *Living Proof*. Guy también recibió la Medalla Nacional de las Artes en 2003 y fue galardonado con honores en el Kennedy Center en el 2012. Fue incluido en el Salón de la fama del Rock and Roll en el 2005.

Buddy Guy es uno de los guitarristas de blues más célebres y distintivos de su generación, que posee un sonido y un estilo que encarna las tradiciones del clásico blues de Chicago y a la vez captura la energía del rock & roll. Utiliza las mismas escalas pentatónicas y de blues que muchos otros intérpretes, pero las toca con un ataque distintivo y un vibrato que pocos han logrado emular. Sus bends a menudo son amplios y se combinan con un vibrato rápido.

Guy ha estado asociado con diferentes guitarras a lo largo de su carrera, pero ahora toca principalmente un modelo Fender Buddy Guy Signature. En cuanto a amplificadores, por lo general usa un amplificador Chicago Blues Box BG Signature, pero también ha utilizado amplificadores Fender y Marshall.

Música recomendada

Buddy Guy – Damn Right I've Got the Blues

Buddy Guy – Stone Crazy

Buddy Guy – Living Proof

Buddy Guy – The Best of Buddy Guy

Licks de Buddy Guy

Estos licks están escritos en tonalidad de C.

El primer lick de Buddy Guy se puede sentir un poco incómodo en los dedos, pero vale la pena perseverar, ya que hay mucho que aprender. La idea es que combina la escala mayor pentatónica y la escala de blues en una frase de tresillos descendente. El tiempo 2 es mayor, los tiempos 2 y 4 son de la escala de blues y el segundo compás es mayor. No hay nada técnicamente difícil, pero es una especie de "traba dedos".

Ejemplo 8a:

El ejemplo 8b comienza en la segunda posición de C menor pentatónica y es bastante sencillo, pero tendrás que prestar atención a la entonación de los bends. Después del bend en el segundo compás, cambia de posición hacia abajo a la primera posición y concéntrate en el ritmo. El bend del 13vo traste está *antes* del tiempo pero se suelta en el tiempo. Si te equivocas, la línea no funcionará. De nuevo, la entonación lo es todo, así que asegúrate de hacer bends afinados.

Ejemplo 8b:

Otra línea con bends aparece en el ejemplo 8c. Mantén el ritmo justo y los bends cortos. Todo se toca en las dos cuerdas superiores de la escala de C menor pentatónica, así que estás en territorio conocido. No te olvides del vibrato.

Ejemplo 8c:

¡Este emocionante lick no estaría fuera de lugar en un solo de Steve Vai! La frase repetitiva se altera en el tiempo 4 así que presta atención. La última nota en el 11vo traste puede que no sea tan fácil. Siéntete libre de tocarlo en el 8vo si te resulta más fácil de tocar. Yo utilizo los dedos 2, 1 y 3 a lo largo de la línea, pero muchas personas usarían 3 y 4.

Ejemplo 8d:

A veces, una simple doble cuerda puede dar vida nueva a una frase que de otro modo sería común y corriente. El ejemplo 8e usa el movimiento de 3ra menor a mayor, pero es seguido por dos dobles cuerdas que esbozan una tríada de C mayor. Esto le da un giro brillante e inesperado a la línea. El vibrato y el fraseo preciso convertirán esta frase en un pronunciamiento que puede hacer que la gente se siente y escuche atentamente.

Ejemplo 8e:

Roy Buchanan

Nacido en Ozark, Arkansas, el 23 de septiembre de 1939, Leroy Buchanan creció en el pueblo de Pixley, California. Su padre era un granjero y predicador pentecostés que le dio al joven Buchanan su primera exposición a la música góspel cuando su familia asistía a reuniones de avivamiento. Cuando Buchanan encontró programas de radio de R&B, se obsesionó con la música blues y tomó la guitarra a la edad de siete años. Primero aprendió steel guitar antes de pasarse a la eléctrica a la edad de 13 años, y pronto encontró el instrumento que se convertiría en su marca característica, la Fender Telecaster.

A la edad de 15 años, Buchanan quería concentrarse en la música a tiempo completo y se mudó a Los Ángeles para estar cerca de la creciente escena de blues/R&B. Después de su llegada, fue entrenado por Johnny Otis, antes de estudiar el blues con intérpretes como Jimmy Nolen (que luego trabajó con James Brown), Pete Lewis y Johnny "Guitar" Watson. Entre mediados y finales de los 50s, Buchanan dirigió su propia banda de rock, los Heartbeats, que pronto comenzó a tocar junto al artista de rockabilly Dale "Suzy Q" Hawkins.

En los 60s, Buchanan se mudó a Canadá, donde trabajó con el cantante Ronnie Hawkins. Buchanan pasó la mayor parte de la década como acompañante de actos discretos y trabajó como guitarrista de sesión para Freddy Cannon, Merle Kilgore y el baterista Bobby Gregg. Finalmente se estableció en Washington D.C. a finales de la década y formó su propio grupo, los Snakestretchers.

A pesar de no haber grabado ningún álbum en solitario hasta este momento, se extendieron los rumores sobre el talento excepcional de Buchanan y recibió elogios de John Lennon, Eric Clapton y Merle Haggard, y fue invitado a unirse a los Rolling Stones (oferta que rechazó).

La creciente reputación de Buchanan lo llevó finalmente a un documental televisivo de una hora de duración en 1971, titulado El mejor guitarrista desconocido del mundo, y poco después firmó un contrato de grabación con Polydor Records. Buchanan pasó el resto de la década lanzando álbumes como solista, incluyendo clásicos como su debut epónimo de 1972 que contenía uno de los temas más conocidos de Buchanan, *The Messiah Will Come Again*. *That's What I Am Here For* fue lanzado en 1974, y *Live Stock* fue lanzado en 1975, antes de que Buchanan se pasara a Atlantic Records y lanzara varios discos.

Ya en los 80s, Buchanan se había desilusionado del negocio de la música, especialmente por el deseo de su compañía discográfica de convertirlo en un artista más convencional y comercialmente viable. Esto lo llevó a pausar la creación musical por cuatro años entre 1981 y 1985.

El sello Alligator convenció a Buchanan de grabar nuevamente a mediados de los 80s y lanzó algunos discos excelentes como *When a Guitar Plays the Blues*, *Dancing on the Edge* y *Hot Wires*. Justo cuando su carrera parecía estar en auge, la tragedia golpeó a Buchanan. Fue arrestado por la policía en Fairfax, Virginia, por intoxicación pública, pero el 14 de agosto de 1988 un policía descubrió que Buchanan se había ahorcado en su celda.

La reputación de Buchanan como uno de los grandes del blues-rock de todos los tiempos creció después de su trágica muerte, resultando en colecciones póstumas como *Sweet Dreams: The Anthology*, *Guitar on Fire: The Atlantic Sessions*, *20th Century Masters* y el álbum en vivo *When a Telecaster Plays the Blues*.

Roy Buchanan ha sido considerado durante mucho tiempo uno de los mejores, aunque a menudo ignorados, guitarristas del género del blues-rock. Sus solos líricos y el uso de armónicos influirían más tarde en grandes como Jeff Beck, Robbie Robertson (su antiguo alumno) y Billy Gibbons de ZZ Top.

Buchanan está asociado casi exclusivamente con la Fender Telecaster y creó la mayor parte de su sonido característico manipulando el tono y los controles de volumen de la guitarra. A menudo usaba "swells", una especia de incrementos de volumen en su interpretación; técnica copiada posteriormente por muchos otros guitarristas. En cuanto a amplificadores, generalmente usó un Fender Vibrolux o Super Reverb con el volumen alto.

Música recomendada

Roy Buchanan – Second Album

Roy Buchanan – Roy Buchanan

Roy Buchanan – Loading Zone

Roy Buchanan – Live in Japan

Licks de Roy Buchanan

Estos licks están escritos en tonalidad de E.

La primera línea es una ligera variación de una idea de blues común. En lugar hacer el bend de un tono en el traste 14 en el primer tiempo, Buchanan hace el bend de la nota de blues en el traste 15 por solo un semitono. Es una diferencia sutil, pero vale la pena agregarla a tu vocabulario.

Ejemplo 9a:

Observa cómo cada bend se trata de manera diferente en la siguiente frase melódica. El bend largo en el compás uno, el bend corto en el tiempo 1 del compás dos, el rápido bend que se suelta inmediatamente en el tiempo 3 y el rizo de una negra en el tiempo 4. Todos contribuyen para crear algo de variedad matizada en lo que de otra manera sería una frase melódica estándar.

Ejemplo 9b:

Las cuerdas al aire pueden hacer que el ejemplo 9c sea un poco más difícil, pero para obtener esta textura vale hacerlo. Deja que las cuerdas resuenen y asegúrate de que el tresillo rápido caiga en el tiempo correcto.

Ejemplo 9c:

El ejemplo 9d definitivamente será un reto en términos de fuerza de tus dedos y un solo golpe de púa debería cubrir todas las notas en el compás uno. Céntrate en darle a los "4s" *en* el pulso y no estarás muy desviado. Esta es una línea que cruza del blues hacia territorio más bien de rock.

Ejemplo 9d:

El último ejemplo en cambio está firmemente en el territorio del blues e incluye un cambio desde la posición abierta hasta la mitad del diapasón para algunos bends de doble cuerda. La idea es aplicar el bend en la nota de la segunda cuerda mientras que la nota de la primera cuerda no se altera. Esto se conoce comúnmente como el lick de silbido de tren y aparece todo el tiempo. Domina este movimiento antes de agregar el vibrato a la E en la tercera cuerda entre cada "silbido".

Ejemplo 9e:

Jimi Hendrix

Uno de los músicos más conocidos en la historia de la música popular, Jimi Hendrix es ampliamente reconocido por haber transformado tanto el sonido como el estilo de la guitarra eléctrica. Nacido en 1942 en Seattle, Estados Unidos, como Johnny Allen Hendrix, Jimi Hendrix más tarde cambió su nombre a James Marshall Hendrix para honrar a su padre James Allen y su difunto hermano Leon Marshall.

Hendrix comenzó a tocar la guitarra acústica alrededor de los 15 años, antes de adquirir luego una guitarra eléctrica y estudiar los estilos de interpretación de famosos artistas de blues como Muddy Waters, B.B. King y Howling Wolf, entre otros. Hendrix se enamoró rápidamente del instrumento y lo practicaba a diario durante varias horas seguidas. Pronto formó su primera banda llamada The Velvetones.

Antes de que Hendrix cumpliera los 19 años, fue atrapado dos veces a bordo de un automóvil robado y, como consecuencia, fue obligado a elegir entre pasar tiempo en prisión o unirse al ejército. Se unió a las filas poco después y, mientras estaba aparcado en Kentucky, solicitó que su padre le enviara su guitarra. Su obsesión con el instrumento lo llevó a menudo a descuidar sus deberes militares y en 1962 recibió la baja honorablemente por razones de incompetencia.

Hendrix comenzó su carrera musical en serio tras su retiro de las filas y comenzó a tocar en varias bandas locales, trabajando eventualmente como acompañante con numerosos músicos de soul y blues, y tocando en un conocido circuito de lugares en el sur. En 1964 se mudó a Harlem, Nueva York y se aseguró un puesto en la banda de respaldo de los Isley Brothers. Tras un breve período con este grupo, se unió a la banda que acompañaba a Little Richard y más tarde a Curtis Knight. Fue por esta época que el ex manager de los Animals, Chas Chandler, vio a Hendrix tocar en Greenwich Village y lo trajo a Londres, donde le presentaron al baterista Mitch Mitchell y al bajista Noel Redding. Juntos, formaron The Jimi Hendrix Experience.

The Jimi Hendrix Experience rápidamente comenzó a llamar la atención de la prensa musical y también la de otros músicos de rock que habían quedado atónitos ante la habilidad de Hendrix y su talento para el espectáculo, que incluía tocar la guitarra detrás de su cabeza y con los dientes.

En los siguientes años, Hendrix lanzó tres álbumes de estudio bastante aclamados por la crítica, con el último álbum, *Electric Ladyland,* considerado por muchos como uno de los mejores álbumes de rock jamás grabados. En este momento, la composición de Hendrix era bastante única y se fusionaba a la perfección con sus legendarias habilidades en la guitarra.

En 1969, Hendrix tenía fama de ser el músico de rock mejor pagado del mundo y su actuación en el festival de Woodstock fue uno de los momentos decisivos de su carrera, principalmente debido a su asombrosa interpretación del himno nacional de EE.UU.

El trío original de Experience se disolvió en junio de 1969 y Hendrix comenzó a trabajar con el bajista Billy Cox y el baterista original Mitch Mitchell antes de formar la Band of Gypsys que duró poco con el baterista Buddy Miles. Su éxito continuó hasta 1970, pero lamentablemente fue cada vez más obstaculizado por el abuso de drogas y problemas con el alcohol.

El 18 de septiembre de 1970, Jimi Hendrix murió mientras dormía debido a la asfixia mientras estaba intoxicado con barbitúricos. Tenía tan solo 27 años.

Hendrix era zurdo y es conocido por tocar una Fender Stratocaster diestra, volteada y re-tensada. Está asociado con la Stratocaster, pero también tocó ocasionalmente otras eléctricas como la Gibson Flying V y la Les Paul.

En vivo utilizó principalmente amplificadores Marshall, pero en el estudio utilizó otras marcas para obtener diferentes tonos. Fue pionero en el uso de muchos dispositivos de efectos, incluidos los pedales wah-wah, los Univibes y las unidades de fuzz junto con aparatos de brida de cintas y de eco, especialmente en sus grabaciones de estudio.

Música recomendada

Jimi Hendrix – Electric Ladyland

Jimi Hendrix – Axis: Bold as Love

Jimi Hendrix - Blues

Jimi Hendrix – Are You Experienced

Licks de Jimi Hendrix

Estos licks están escritos en tonalidad de A.

El primer lick al estilo de Jimi Hendrix es relajado y poderoso. Toca el primer bend del 10mo traste como un ascendido lento y controlado antes de ejecutar el lick *de dah* en el tiempo 3. El lick *de dah* es una parte importante del vocabulario del blues y está estrechamente relacionado con B.B. y Albert King.

El segundo compás esboza un acorde D7 así que funcionaría muy bien con el acorde IV en un blues A7. Si puedes hacer el bend del 8vo traste (C) con tu dedo índice simplemente hazlo, pero quizás te resulte más fácil usar el tercer dedo y cambiar de posición para el F# en la tercera cuerda.

Ejemplo 10a:

El ejemplo 10b en realidad contiene dos Hendrix-ismos esenciales. El primero ocurre en el tiempo 2, donde toca semicorcheas en signatura de compás de 12/8. Comenzando con un cliché de blues, vuelve a subir la escala para terminar en la fundamental. Quizás quieras agregar un rizo de blues en el 8vo traste en la primera cuerda.

La segunda parte de la idea es una fase de resolución importante (intenta tocarla sin la nota final para crear un "punto final" en la fundamental). Si continúas más allá de la fundamental para finalizar en la quinta de la escala puedes mantener un poco de impulso hacia adelante De nuevo, siempre está bien agregar un rizo de blues a la 3ra menor de la escala, en este caso, esa es la nota final del compás.

Ejemplo 10b:

El siguiente ejemplo contiene un fraseo más complejo y un par de movimientos extraños. Todo se basa en la escala de A mayor pentatónica y crea una subida brillante en comparación con su contraparte menor.

La digitación de las tres primeras notas es un poco complicada. Haz el bend con el tercer dedo, usa el cuarto dedo en la segunda cuerda y llega al F# en la primera cuerda con tu primer dedo. ¡Hacer ese bend afinado pondrá a prueba tus habilidades de entonación!

Luego, toca el bend del 4to traste como un pre-bend si quieres, pero debe haber suficiente tiempo para meter allí la nota hacia arriba y hacia abajo en una sola corchea. Presta mucha atención al ritmo por el resto de el compás, no es algo obvio, así que toca con la pista de audio para que salga bien.

Acentúa el slide de doble cuerda en el tiempo 1 del compás dos y agrega vibrato a la nota final.

Ejemplo 10c:

El ejemplo 10d tiene que ver con la precisión de los bends y la colocación rítmica. El primer bend es una doble cuerda de unísono y tienes tiempo suficiente para asegurarte de llevarla por completo al tono. Una vez que tengas el sonido correcto en tu cabeza, es más fácil liberar y volver a hacer el bend en la nota con el ritmo adecuado.

La transición del bend final a la primera nota en el compás dos inicialmente puede ser un dolor de cabeza al tratar de evitar que el resto de las cuerdas suenen. Usa la parte inferior de tus dedos del diapasón para mantener la segunda cuerda en silencio mientras haces el salto de cuerda.

Ejemplo 10d:

La idea final es un clásico de Hendrix. En cuanto a la teoría, no hay nada demasiado complicado, solo una pequeña inclinación hacia A mayor pentatónica con el "7" (B) al final del tiempo uno.

Comienza con el cliché de blues y escucha el audio para entender bien el ritmo. La precisión es esencial en el último bend y deberías agregar vibrato al gusto.

Ejemplo 10e:

Mike Bloomfield

Michael Bernard Bloomfield nació en julio de 1943 en una familia próspera en Chicago. Un niño tímido y retraído, se empezó a interesar en la música al escuchar estaciones de radio sureñas en la noche. Estas lo introdujeron al rockabilly, el R&B y el blues. Recibió su primera guitarra en su adolescencia y comenzó a frecuentar clubes para escuchar artistas de blues eléctrico en la escena local. A veces se juntaba a tocar con los músicos residentes y pronto ganó reconocimiento como un prometedor joven guitarrista de blues.

Preocupados por su progreso educativo, sus padres lo enviaron a un internado privado en la costa este en 1958 y posteriormente se graduó de una escuela de Chicago para jóvenes con problemas. A pesar de sus problemas escolares, Bloomfield había abrazado por ese entonces la creciente cultura beatnik y consiguió un trabajo como gerente de un club folclórico que reservaba artistas de blues acústico. También tocó algunas guitarras de sesión y actuó en la escena musical de Chicago con varios grupos.

En 1964, Bloomfield fue descubierto por John Hammond quien lo contrató para el sello CBS. Sin embargo, el sello no estaba seguro de cómo comercializar a un guitarrista de blues estadounidense blanco y sus grabaciones fueron retenidas por un tiempo.

En 1965, Bloomfield se unió a la Paul Butterfield Blues Band y tocó en el álbum debut del grupo para el sello Elektra. El álbum fue muy exitoso y ayudó a presentarle al público blanco a una forma más cruda del blues de la que estaban acostumbrados a escuchar. La guitarra de Bloomfield fue aclamada como un puente entre el blues tradicional de Chicago y el rock contemporáneo. Más tarde ese año, Bloomfield fue reclutado para la banda de apoyo de Bob Dylan y fue incluido prominentemente en *Highway 61 Revisited*. También tocó con Dylan en el Newport Folk Festival de 1965.

Durante este período, Bloomfield desarrolló un gran interés en la música oriental, particularmente la raga india, y esta fue una gran influencia en su siguiente grabación con Butterfield en 1966, *East-West*. El álbum fusionó blues, jazz, world music y rock psicodélico de forma vibrante y novedosa. El grupo se convirtió en una atracción dinámica en vivo en la escena musical de San Francisco, aunque Bloomfield abandonó la banda en 1967 para buscar nuevos proyectos en la ciudad.

Bloomfield formó The Electric Flag con su antiguo colaborador y cantante de Chicago, Nick Gravenites. The Electric Flag se fundamentó en la orientación musical del álbum *East-West* e incluyó una sección de instrumentos de viento metal que agregó una influencia del soul. El grupo debutó en el Monterey Pop Festival de 1967, el cual fue seguido por un álbum llamado *A Long Time Comin'* en 1968. Sin embargo, la banda ya se estaba desmoronando debido a la mala administración, las rivalidades personales y el consumo de drogas. De hecho Bloomfield abandonó la banda antes de que su álbum debut fuera siquiera lanzado.

Luego, Bloomfield se unió al organista Al Kooper y grabó *Super Session*, un álbum repleto de sesiones de improvisación que exhibió sobremanera sus habilidades en la guitarra. Publicado en 1968, recibió críticas sobresalientes y se convirtió en el álbum más vendido de la carrera de Bloomfield. El éxito de *Super Session* abrió paso a un nuevo album, *The Live Adventures of Mike Bloomfield and Al Kooper*, que se grabó en el Fillmore West en 1968 y se lanzó al año siguiente.

Bloomfield eventualmente se volvió cauteloso con el éxito comercial y se cansó de las giras. Se retiró de las presentaciones y grabaciones de alto nivel durante un tiempo, aunque continuó trabajando como guitarrista de sesión y productor. También comenzó a escribir bandas sonoras de películas. Bloomfield finalmente regresó al estudio en 1973 para una sesión con John Hammond y el pianista de Nueva Orleans Dr. John para grabar *Triumvirate*. Durante los últimos años de los 70s, Bloomfield grabó para varios sellos pequeños, generalmente en arreglos acústicos.

Bloomfield se vio afectado por el alcoholismo y adicción a la heroína durante gran parte de los 70s, lo que lo hizo poco confiable, aunque en 1980 ya se había recuperado lo suficiente como para volver a hacer una gira en Europa. También apareció brevemente en San Francisco en un concierto de Bob Dylan para una interpretación de *Like a Rolling Stone*. Tristemente, el 15 de febrero de 1981, Bloomfield fue encontrado muerto en su auto por una sobredosis de drogas. Solo tenía 37 años.

Bloomfield fue uno de los primeros guitarristas de blues blanco en Estados Unidos, ganándose su reputación gracias a su trabajo en la Paul Butterfield Blues Band. Sus frases solistas expresivas y fluidas, y su técnica de guitarra de blues favorecieron muchos otros proyectos, sobre todo las primeras grabaciones eléctricas de Bob Dylan y también siguió una carrera en solitario, con resultados comerciales variables.

Bloomfield es más comúnmente asociado con la guitarra Gibson Les Paul Standard, aunque también tocó una Telecaster en ocasiones. Sus amplificadores predilectos solían ser un Fender Twin Reverb o un Super Reverb, y rara vez usaba unidades de efectos.

Música recomendada

Mike Bloomfield – It's Not Killing Me

Mike Bloomfield – Best of Mike Bloomfield

Mike Bloomfield – Super Session

Mike Bloomfield – Cruisin' For A Bruisin'

Licks de Mike Bloomfield

Estos licks están escritos en tonalidad de C.

Bloomfield combina hábilmente lo viejo y lo nuevo en el ejemplo 11a adoptando un enfoque angular en su línea solista. Comienza con una frase de blues clásica, pero las semicorcheas toman un camino ligeramente inusual a través de la 6ta natural para descender lo que de otra manera sería una idea menor pentatónica normal.

La 6ta es "prestada" de la escala mayor pentatónica, pero normalmente no se escucha de forma aislada así. Esto, combinado con el ritmo sincopado de semicorcheas hace que esa nota realmente se destaque.

Ejemplo 11a:

El siguiente ejemplo es mayor pentatónico por completo. Las notas de registro bajo conducen a una frase de doble cuerda que esboza los acordes, muy similar al estilo de Elmore James en el ejemplo 2e. Desliza hacia la doble cuerda con los dedos uno y dos y ponlos planos para tocar los "10s".

Ejemplo 11b:

Aquí hay otra forma en que Bloomfield usa la misma idea para esbozar un acorde. Esta vez es seguido por una frase inusual tocada entorno a las escalas mayor y menor pentatónicas. Observa cómo se usan las notas duplicadas para cambiar la expectativa de dónde caerán los tonos fuertes.

Ejemplo 11c:

El ejemplo 11d muestra una excelente manera de cambiar de posición de la forma uno a la forma dos de la escala menor pentatónica. La nota C se toca en la cuerda E, 8vo traste, pero el slide hacia el 13vo en el compás dos lo coloca en la cuerda B. Esto no solo crea una diferencia en el tono, también proporciona una transición suave por el diapasón. Experimenta agregando rizos a los Ebs (11vo traste en la cuerda E) en los dos últimos compases. El vibrato ayudará a que esta línea cante.

Ejemplo 11d:

50

El último ejemplo es sacado directamente de la cartilla del blues de Chicago. Mezcla tresillos, corcheas y semicorcheas en una línea vocal que acabarás repitiendo una y otra vez.

Puede tomarte unos minutos para captar el ritmo y la elección inusual de notas del tiempo 1; el Ab (b6) no es común pero funciona bien aquí como nota de paso. Sin embargo, ten cuidado, toda la frase comienza en la segunda división del tresillo.

El bend lento de 1/2 tono en el tiempo 3 requiere paciencia y sutileza antes de que las semicorcheas rápidas en el tiempo 4 conduzcan a otra nota sostenida con vibrato.

Deslízate al 13vo traste en la cuerda B para cambiar de posición y agrega un rizo de blues para terminar... ¡clásico!

Ejemplo 11e:

Johnny Winter

Nacido como John Dawson Winter III el 23 de febrero de 1944 en Beaumont, Texas, Johnny Winter era un músico con talento innato desde temprana edad. Comenzó como clarinetista y luego se cambió a la guitarra. Él y su hermano menor Edgar a menudo actuaban juntos mientras crecían e incluso tuvieron varias apariciones en programas de televisión locales.

Winter formó su primera banda, Johnny and the Jammers (con Edgar en los teclados) cuando solo tenía 15 años. Originalmente estuvo influenciado por los grupos de blues locales y luego por B.B. King después de asistir a un concierto.

A finales de los 60s, y después de muchas giras y mucho recorrido en la carretera, Winter se convertía en un reconocido artista de blues a nivel nacional. Era un músico de aspecto distintivo, era alto, con cabello rubio blanco y ojos claros, y tocaba un estilo particularmente fogoso de guitarra eléctrica de blues. Sus rasgos pálidos fueron causados por una rara condición llamada albinismo, que también tenía su hermano Edgar.

En 1969, Winter tocó en el legendario festival musical de Woodstock y lanzó su álbum debut para Columbia Records, que le valió una gran aclamación de la crítica. De vez en cuando se presentaba con Janis Joplin, y los dos se volvieron pareja por un tiempo.

En 1969, Winter lanzó varios álbumes, incluido *The Progressive Blues Experiment* y *Johnny Winter*. Estas grabaciones, junto con su impresionante actuación escénica, lo convirtieron en uno de los artistas en vivo más populares de la época. Durante los 70s, Winter hizo muchas grabaciones de blues-rock que fueron bien recibidas, como *Still Alive and Well* (1973) y *Saints and Sinners* (1974). Sus actuaciones en vivo atrajeron multitudes para ver su extraordinario talento en la guitarra. En 1976, Winters se reunió con su hermano Edgar y grabó el álbum en vivo *Together*.

Winter luchó con un problema de drogas por un tiempo, pero logró seguir actuando y grabando a pesar de su adicción. También trabajó entre bastidores como productor en varios álbumes de *Muddy Waters* a finales de los 70s. En 1988, Winter fue honrado por sus contribuciones a la música y fue incluido en el Salón de la fama de la Fundación del Blues.

A principios de la década de 1990, Winter había vuelto a sus raíces del blues de Texas en álbumes como *Let Me In* (1991). Más vinieron en camino, incluidos los nominados a premio Grammy, *I'm a Bluesman* (2004) y *Roots* (2011). Winter nunca se retiró formalmente de la escena musical, eligiendo en cambio seguir de gira y grabar discos hasta su muerte. Su notable carrera fue el tema del documental del 2014 *Johnny Winter: Down & Dirty*.

En concordancia con una vida que pasó principalmente en la carretera, Winter falleció de gira en Europa. Murió el 16 de julio de 2014 en su habitación de hotel en Zurich a la edad de 70 años. El último álbum de Winter, *Step Back*, fue lanzado póstumamente en septiembre de 2014.

Como hecho inusual, el instrumento preferido por Johnny Winter fue una Gibson Firebird, aunque también tocó un instrumento hecho a la medida por el luthier Dan Erlewine. De vez en cuando tocaba una Gibson SG y una eléctrica de 12 cuerdas hecha por Fender.

Winter usó una variedad de combos de amplificadores de válvulas, incluyendo Fender Twin Reverbs, pero parece haber preferido un combo Music Man de los años 70 en sus últimos años por su tono distintivo.

Música recomendada

Johnny Winter – Johnny Winter

Johnny Winter – Guitar Slinger

Johnny Winter – Still Alive and Well

Johnny Winter - Live Johnny Winter And

Licks de Johnny Winter

Estos licks están escritas en tonalidad de C.

La primera frase de Johnny Winter es engañosa y requerirá que le prestes mucha atención al ritmo, especialmente en el primer compás.

Ejemplo 12a:

La siguiente frase es mucho más fácil de colocar rítmicamente y consiste en una idea descendente menor pentatónica. Toca la primera nota con tu tercer dedo y la digitación te saldrá de manera bastante lógica. El bend en el tiempo 1 del compás dos es rápido y necesitarás algo de fuerza para poder hacer el último bend con tu dedo índice.

Ejemplo 12b:

El ejemplo 12c resalta algunas formas creativas de usar dobles cuerdas con bend. Puntea la nota en el traste 11 en cada ataque, pero presta atención a las diferentes melodías en los bends en las notas del traste 10 (F). Te recomiendo escuchar el audio porque puede ser difícil entenderlo solo con la notación.

Acentúa tanto el bend hacia arriba como la nota de gracia con bend hacia abajo en la segunda mitad de esta idea.

Ejemplo 12c:

La siguiente idea toma mucho de Chuck Berry, pero agrega un toque rítmico moderno. De nuevo, escucha el audio para entender cómo va el ritmo.

Ejemplo 12d:

El último lick es una frase clásica con un impulso que se podría escuchar en la interpretación de cualquier grande moderno. Concéntrate en afinar los bends iniciales porque si no lo están se escucharán a leguas. Agrega tanto vibrato como sea posible a la nota sostenida en el compás dos antes de que la línea ascienda cromáticamente por la 3ra mayor en la forma dos. Ten cuidado con el salto de posición para acceder a las dos notas finales.

Ejemplo 12e:

Eric Clapton

Nacido en Surrey, Inglaterra en 1945, Eric Patrick Clapton es uno de los guitarristas de rock y blues eléctrico más famosos del mundo. Comenzó a tocar la guitarra a la edad de 13 años cuando le dieron una guitarra acústica para su cumpleaños. Rápidamente se enamoró de los músicos de blues estadounidenses, a menudo pasando horas practicando al tiempo con los discos para perfeccionar sus habilidades en la guitarra. Para cuando Clapton cumplió los 16 años ya era reconocido como un guitarrista de blues prometedor y con frecuencia se lo veía tocar en Londres y sus alrededores.

Después de actuar en varias bandas diferentes, fue invitado a unirse a The Yardbirds en 1963. El grupo era una banda de rock and roll fuertemente influenciada por el blues, y Clapton permaneció con ellos hasta 1965 cuando se fue para hacerse miembro de los Blues Breakers de John Mayall. Tocando con Mayall desarrolló aún más sus habilidades ya formidables como guitarrista líder y grabó uno de sus álbumes más aclamados, *Blues Breakers - John Mayall with Eric Clapton* (a veces conocido como el álbum *The Beano*).

En julio de 1966, Clapton unió fuerzas con el bajista Jack Bruce y el baterista Ginger Baker para formar Cream, una de las primeras súper bandas de rock. Rápidamente alcanzaron el estrellato antes de disolverse unos pocos años después. Después de Cream, Clapton tocó con Blind Faith, y Derek and the Dominoes (produciendo el clásico álbum *Layla*) antes de entrar en un período de reclusión tristemente marcado por la adicción a las drogas. Volvió a surgir a mediados de los 70s con muchos álbumes exitosos en solitario, y ya en los 80s produjo más grabaciones comerciales que en los 70s.

Una larga batalla contra el alcohol y los problemas personales finalmente fue superada y en los 90s la carrera de Clapton se había vuelto más consistente y exitosa en términos de producción musical. La trágica muerte de su hijo Conor en 1991 inspiró la canción *Tears in Heaven*, que se convirtió en un gran éxito comercial. Al igual que su álbum *Unplugged*, que sigue siendo uno de sus álbumes más vendidos hasta la fecha.

Las giras y grabaciones constantes de Clapton continuaron en la década del 2000, y recientemente ha vuelto a sus raíces de blues, rindiendo homenaje a sus influencias como Robert Johnson. Clapton sigue siendo uno de los guitarristas de rock y blues más influyentes hasta la fecha y ha recibido numerosos premios Grammy. En 1998 fundó el Crossroads Centre en Antigua para la drogadicción y fue galardonado con el CBE en el 2004 por sus servicios a la música.

Su estilo de guitarra líder está claramente influenciado por el blues y utiliza predominantemente escalas pentatónicas y de blues en sus solos. Influenciado por guitarristas como Buddy Guy, Freddie King y B.B. King entre muchos otros, el enfoque de Clapton es muy imitado por los intérpretes modernos. Tiene una técnica de vibrato particularmente expresiva y con frecuencia utiliza el bend con excelentes resultados en sus solos.

Eric Clapton ha sido asociado con varios modelos diferentes de guitarra a lo largo de su carrera, sobre todo la Gibson Les Paul Standard en sus primeros trabajos y la Gibson SG y ES-335 durante un tiempo con Cream. Desde principios de los 70s, comúnmente ha tocado Stratocasters, y Fender finalmente produjo un modelo signature para él.

Los amplificadores Marshall fueron el pilar central de Clapton desde mediados de los 60s en adelante, especialmente con Cream, donde se convirtió en uno de los primeros guitarristas en usar amplificadores apilados y gabinetes de 4x12. Pasó a usar amplificadores mas pequeños (y generalmente de menor potencia) de Fender y Music Man en 1970, y en su mayor parte se ha mantenido con esta configuración.

Clapton no está particularmente asociado con ninguna unidad de efectos, pero ha hecho uso efectivo del pedal wah-wah en algunas de sus grabaciones. Por lo general, evita tonos de guitarra con muchos efectos, prefiriendo mantener una configuración simple.

Música recomendada

John Mayall – John Mayall's Blues Breakers with Eric Clapton

Eric Clapton – E.C. Was Here

Eric Clapton – Me and Mr Johnson

Eric Clapton – From the Cradle

Licks de Eric Clapton

Estos licks están escritos en tonalidad de A.

Realmente hemos tratado de resumir algunas de las expresiones típicas de Clapton en el ejemplo 13a y hay varios bends que requieren una manipulación sutil. La frase de apertura es una declaración en A mayor pentatónica, pero del compás dos en adelante es mas menor. Aquí hay algunas ideas de frases curiosas, así que escucha el audio y toca al tiempo cuando te sientas cómodo con las notas.

Ejemplo 13a:

Como algo inusual, el siguiente ejemplo no contiene ningún bend. En cambio, se centra en un rasgo clásico de Clapton: rápidas ráfagas de velocidad entre algunas notas bien elegidas. Presta atención a cuáles notas se puntean y cuáles son legato.

Ejemplo 13b:

Hay varios bends agudos en este último lick y nuestro objetivo es mostrar cómo Clapton es un maestro de la manipulación de la guitarra. La digitación puede parecer un poco apretada, así que te sugiero que uses los dedos uno y tres a lo largo de esta idea.

Escucha el audio antes de intentar este ejemplo para escuchar cómo se abordan los bends. El primero es largo y lento, el segundo es un bend que se suelta y los dos últimos deben ser entonados con precisión. El penúltimo bend pasa de la b3 a la 4ta, y el último bend pasa de la 2da a la 3ra mayor. Hay mucho en qué pensar aquí, así que tómate tu tiempo. Al comienzo puede resultar útil llevar todo 12 trastes más abajo para tocar en una octava más baja.

Ejemplo 13e:

Peter Green

Peter Allen Greenbaum nació en 1946 en Bethnal Green, Londres. Influenciado por guitarristas de blues y también por Hank Marvin tocando con The Shadows, Green es principalmente un guitarrista autodidacta. Comenzó tocando el bajo en una banda de covers de rock and roll y pronto se unió a un grupo de R&B llamado The Muskrats.

Su guitarra llamó la atención del público cuando trabajó con el grupo de Peter Barden, Peter B's Looners y trabajó con ellos hasta que se le dio la oportunidad de reemplazar a Eric Clapton en los Blues Breakers de John Mayall e hizo su debut en el álbum de 1966, *A Hard Road*. La interpretación de Green en este álbum (a la edad de tan solo 20 años) era sorprendentemente madura y aportó dos composiciones para el disco incluyendo *The Supernatural*, un instrumental que fue el preludio de la música que luego creó para Fleetwood Mac. Fue por esa época que otros músicos ya lo llamaban The Green God.

En 1967, Green abandonó la banda de Mayall para formar su propio grupo. Con el baterista Mick Fleetwood y el guitarrista Jeremy Spencer, fundó Fleetwood Mac con Green como uno de los principales compositores. Habiendo firmado con el sello Blue Horizon del productor Mike Vernon, el grupo produjo una serie de álbumes a finales de los 60s que mostraban las habilidades como compositor de Green que se desarrollaban rápidamente. Las composiciones de Green, *Black Magic Woman* (de la cual hiciera luego una versión Santana) y *Oh Well* ayudaron a consolidar la popularidad del grupo y la instrumental *Albatross* encabezó las listas del Reino Unido en 1969. Fue por ese entonces que la salud mental de Green comenzó a fallar dando como resultado que abandonara la banda en mayo de 1970.

A mediados de los 70s se le diagnosticó esquizofrenia y tardó unos años en recuperarse y recibir tratamiento. En 1979, resurgió como intérprete y lanzó un álbum en solitario, *In the Skies* ese mismo año. A esto le siguió el trabajo de sesión esporádico hasta que formó The Peter Green Splinter Group a finales de los 90s quienes lanzaron nueve álbumes entre 1997 y 2004.

Green se volvió a alejar temporalmente de los escenarios hasta el 2009 cuando volvió a tocar con Peter Green and Friends, y estuvo de gira por dos años más.

La interpretación de la guitarra y las composiciones de Green han influido en muchos músicos, incluidos guitarristas tan diversos como Gary Moore, Carlos Santana y Joe Perry. Generalmente prefiriendo las escalas pentatónica y de blues en sus solos, posee un vibrato único y una gran habilidad con los bends. Su uso distintivo de hammer-ons y pull-offs influyó en muchos otros intérpretes, y su interpretación del blues estuvo a la par con guitarristas como Eric Clapton, y muchos críticos sintieron que Green era el guitarrista de blues más auténtico.

Peter Green ha utilizado varias guitarras y amplificadores a lo largo de los años, pero está estrechamente relacionado con la Gibson Les Paul y la Fender Stratocaster en los últimos años. Su famosa Gibson Les Paul de la era de Fleetwood Mac, resultó siendo vendida al guitarrista Gary Moore, quien la utilizó en muchas de sus grabaciones más famosas. Debido a un cableado accidental de las pastillas, esta guitarra producía un tono distintivo fuera de fase que se puede escuchar en gran parte del trabajo de Green. Creó la mayoría de los tonos característicos de su guitarra ajustando los controles de volumen y tono de forma manual y utilizó una sencilla configuración de equipos.

Green ha experimentado con una variedad de amplificadores a lo largo de los años, pero principalmente usa amplificadores de válvulas Fender y Orange. Rara vez usó unidades de efectos modernos, pero manipuló el feedback y el reverb con éxito, como se puede escuchar en *The Supernatural* con John Mayall.

Música recomendada

Peter Green – The Anthology

Peter Green – In The Skies

John Mayall – A Hard Road

Fleetwood Mac – Blues Jam in Chicago

Licks de Peter Green

Estos licks están escritos en tonalidad de E.

El primer lick al estilo de Peter Green usa bastante los bends de doble cuerda que están sincopados contra la pista. Usa tu tercer dedo para tocar el bend del traste 14 y agrega tu dedo meñique para tocar las dobles cuerdas que comienzan al final del primer compás.

Ejemplo 14a:

La siguiente línea utiliza maravillosamente la escala de E mayor pentatónica, aunque quizás quieras aprenderla primero sin el slide del 5 al 11 para ayudarte a entender bien el tiempo. Hay algo de fraseo inusual pero sublime en el tiempo 3; haz un bend en el 12vo traste con tu meñique y haz un pull-off hasta "11" sin soltarlo. Acentúa la sensación de swing en el tiempo 4.

Ejemplo 14b:

El ejemplo 14c comienza con el cliché de blues antes de usar un ingenioso truco con el ritmo en el segundo compás. Observa cómo a partir del tiempo 2 la frase contiene solo dos notas, pero se tocan en grupos de tres (tresillos). Esto genera una sensación que llama la atención de dos contra tres, en la que te deberás concentrar para tocar. Comienza por aislar los dos tiempos del medio y acentúa la primera nota de cada tresillo, luego agrega el bend. Con el tiempo, comenzarás a sentir el pulso e improvisarás tus propias frases cros-rítmicas como esta.

Ejemplo 14c:

El siguiente lick muestra cómo Peter Green se inspiró en muchos de los artistas tratados anteriormente en este libro y el fraseo es puro Delta.

De nuevo, vemos el bend poco común de 2da a 3ra mayor en el compás uno seguido de algunos ritmos inspirados en el slide. Observa qué lento es el rizo en la última nota del compás.

Ejemplo 14d:

La última línea usa tresillos de negras y corcheas para crear una impresión de aceleración en el compás uno, mientras que el fraseo sincopado en el compás dos da la impresión de disminuir la velocidad. Los bends de doble cuerda son bastante desafiantes y te sugiero que uses tus dedos primero y tercero para tocarlos. Dale apoyo al bend en la segunda cuerda colocando el segundo dedo detrás del tercero.

Ejemplo 14e:

Rory Gallagher

Rory Gallagher nació en Ballyshannon, Irlanda, el 2 de marzo de 1948. Su familia se mudó poco después de su nacimiento a Cork y obtuvo su primera guitarra a la edad de 9 años con el apoyo de sus padres. Después de ganar un concurso de talentos tres años más tarde, Gallagher compró una guitarra eléctrica y comenzó a actuar localmente.

Mientras escuchaba blues estadounidense y cantantes de folk en la radio, Gallagher se convirtió en un ávido admirador de artistas como Leadbelly, Buddy Guy, Freddie King, Albert King y Muddy Waters. Estos músicos de blues se convirtieron en una inspiración para toda la vida de Gallagher, tanto en su forma de tocar como en su composición. Más tarde se interesó en otras formas de música, incluido el jazz, y aprendió a tocar el saxofón alto junto con muchos otros instrumentos.

Mientras todavía estaba en la escuela, Gallagher comenzó a tocar con bandas locales y se unió a Fontana en 1963, con quien realizó una gira por Irlanda y el Reino Unido. Las influencias blues de Gallagher cambiaron el repertorio de la banda y hacia 1965 había transformado el grupo que cambió su nombre a The Impact. Después de un cambio en la alineación, el grupo tocó en conciertos de R&B en Irlanda y España hasta que se disolvió en Londres. Después de trabajar con un trío que no duró en Alemania, Gallagher regresó a Irlanda en 1966 para formar su propia banda.

Gallagher se mudó de Irlanda a Londres y formó un trío de blues-rock llamado Taste. El álbum debut homónimo del grupo fue lanzado en 1969 en el Reino Unido y luego fue distribuido en los Estados Unidos por el sello Atco/Atlantic. Entre 1969 y 1971, Gallagher grabó tres álbumes con Taste antes de separarse. También actuó bajo su propio nombre y grabó su debut en solitario de 1970, *Rory Gallagher* y más tarde ese año lanzó *Deuce*.

La producción musical de Gallagher continuó, y a *Deuce* le siguió *Live in Europe* (1972) y *Blueprint* y *Tattoo*, ambos lanzados en 1973. El álbum *Irish Tour* (1974) documentó la energía de sus shows en vivo y luego le suguieron *Calling Card* (1976), *Photo Finish* (1978) y *Jinx* (1982).

Hasta este momento, Gallagher había estado de gira casi sin parar durante muchos años. Decidió alejarse temporalmente de la carretera, pero volvió a la grabación y las presentaciones en vivo con el lanzamiento en 1987 de *Defender*. Su último álbum, *Fresh Evidence*, fue lanzado en 1991 a través del sello propio, Capo, que creó con la esperanza de eventualmente exponer a otros grandes talentos del blues. Sin embargo, algunos de los mejores trabajos de Gallagher no quedaron grabados bajo su propio nombre, sino que es material que grabó con Muddy Waters en *The London Sessions* (Chess, 1972) y con Albert King en *Live* (RCA / Utopia).

Gallagher lamentablemente falleció por complicaciones luego de una cirugía de trasplante de hígado el 14 de junio de 1995, a la edad de 47 años.

El estilo de Gallagher estuvo muy influenciado por sus héroes del blues pero también, algo inusual en su época, por sus habilidades como saxofonista. Algunas de sus largas improvisaciones en el escenario recordaban más al jazz de estilo libre que a un típico trío de rock.

Él prefirió un fraseo indistinto y difuso, y el tipo de motivos rítmicos repetitivos que un saxofonista podría tocar y utilizó el modo dórico extensivamente en sus solos. Los armónicos pellizcados (pinched harmonics) fueron también una parte importante del sonido de Gallagher.

Rory Gallagher está estrechamente asociado con una Fender Stratocaster de 1961 carcomida y desgastada que compró al principio de su carrera. A lo largo de los años, le hizo muchas modificaciones a la guitarra y a menudo era reparada y reacondicionada debido a sus intensas giras y su agresivo estilo de interpretación. Gallagher tocó otros instrumentos, incluyendo Fender Telecasters y un modelo hecho a medida de Patrick Eggle Berlin.

Durante su carrera, Gallagher utilizó una variedad de amplificadores que van desde un Vox AC30 hasta combos Fender como Twin Reverb, Concert y Bassman. Para los efectos, comúnmente agregaba un magnificador de agudos y ocasionalmente usó overdrive y pedales flanger.

Música recomendada

Rory Gallagher – Irish Tour '74

Rory Gallagher – Deuce

Rory Gallagher – Tattoo

Rory Gallagher – Live in Europe

Licks de Rory Gallagher

Estos licks están escritos en tonalidad de D menor.

El primer lick muestra cómo la colocación relajada puede hacer que incluso las frases más simples sean significativas. Hay tiempo suficiente para considerar la dinámica y el fraseo en los dos primeros compases antes de hacer el pre-bend y soltarlo en el compás tres.

Ejemplo 15a:

Mucha sutileza otra vez en el lick dos. Es bastante lento, así que asegúrate de que tus ritmos no se apresuren y, de nuevo, hay mucho tiempo para pensar en la colocación de notas. El vibrato suave en el compás dos es la clave para hacer que esta línea funcione.

Ejemplo 15b:

Una figura repetitiva en el ejemplo 15c muestra que la economía de ideas es un elemento esencial del blues moderno. El tiempo lento aquí puede hacer que resalte más la precisión en los trinos; puedes intentar puntear cada nota, usar técnicas de legato, o una combinación de ambas. Experimenta con la forma en que punteas cada frase ya que esto creará un contraste tonal dinámico.

Ejemplo 15c:

La siguiente línea se podría haber tocado en un área más central de la guitarra, pero Gallagher a menudo usaba las cuerdas más bajas para crear un tono más grueso y bajo. Está toda en D menor pentatónica, pero los bends suaves y sutiles muestran un acercamiento genuinamente único a los solos de blues.

Ejemplo 15d:

El último lick de Gallagher tiene un sonido más inspirado en el modo dórico y es otra idea relajada donde la colocación de las notas lo es todo. Una vez más, él exploró los rangos más bajos de la guitarra antes de pasar a una posición de solos más común. Escucha el audio y trata de imitar el fraseo.

Ejemplo 15e:

Gary Moore

Robert William Gary Moore nació en 1952 en Belfast, Irlanda del Norte y comenzó a aprender la guitarra a la edad de 8 años con un viejo instrumento acústico. A pesar de ser zurdo, aprendió a tocar de forma diestra y estudiaba escuchando sus discos favoritos. Se fue de Belfast y se mudó a Dublín cuando solo tenía 16 años, decidido a seguir una carrera como músico profesional.

Fuertemente influenciado por Peter Green, Jimi Hendrix, Albert King, Buddy Guy y Eric Clapton, Moore desarrolló rápidamente un estilo único de blues-rock que permanecería con él a lo largo de su carrera. En Dublín, se unió al grupo Skid Row y comenzó una larga asociación con el bajista y compositor Phil Lynott (de Thin Lizzy).

En 1970, salió de Irlanda para mudarse a Londres y comenzó a trabajar con su propio grupo, The Gary Moore Band, que lanzó su álbum debut *Grinding Stone* en 1973. Para 1974, Moore estaba trabajando de nuevo con Phil Lynott en Thin Lizzy como reemplazo de Eric Bell, y esto comenzó una larga asociación de Moore con el grupo. De 1975 a 1978 Moore tocó con el grupo Colosseum II antes de trabajar nuevamente con Thin Lizzy, esta vez reemplazando a Brian Robertson.

Después de dejar finalmente a Thin Lizzy en 1979, Moore se embarcó en una exitosa carrera en solitario, y con el apoyo continuo de Phil Lynott, produjo una de sus canciones más memorables en *Parisienne Walkways*. Durante los 80s, Moore producía principalmente álbumes de hard rock en los que su estilo de guitarra ardiente y dinámico se mostraba con fuerza. Cambió significativamente de dirección musical en 1990 para producir una serie de álbumes de blues exitosos que comenzaron con *Still Got The Blues* (1990), y colaboró con muchos artistas de blues muy conocidos. Más tarde regresó al rock, pero nuevamente volvió a generar música basada en el blues en el 2001.

Moore todavía estaba grabando y actuando activamente cuando falleció trágicamente de un ataque al corazón en el 2011 a la edad de 58 años. Es uno de los mejores guitarristas de blues/rock que ha existido y su estilo de interpretación y musicalidad son puntos de referencia para cualquier intérprete contemporáneo.

Gary Moore poseía una técnica formidable en el instrumento y era capaz de realizar punteos a alta velocidad y pasajes de legato. Partiendo de escalas pentatónicas, de blues y modales, era igualmente experto en rock, blues, fusión e incluso en algunos estilos de guitarra de jazz. Al igual que muchos intérpretes con antecedentes en el blues, Moore tenía un vibrato muy desarrollado en la mano izquierda y era particularmente hábil con los bends. Empleó muchas técnicas que ahora son comunes en la guitarra de rock como tapping, sweep picking y secuencias rápidas de legato.

Más comúnmente asociado con la guitarra de Gibson Les Paul, Moore también tocó una Fender Stratocaster en varios puntos en su carrera (y también algunas guitarras Ibanez), pero es la Les Paul la que ha persistido como su instrumento principal. Usó una Les Paul Standard 1959, (comprada a Peter Green) famosa por su configuración distintiva de pastillas fuera de fase. Esta guitarra aparece en muchas de las grabaciones más conocidas de Moore (y de Green). Aprovechando las cualidades naturales de la Gibson, fue capaz de crear un tono rico y sostenido que se convirtió en su sello personal.

Asociado por mucho tiempo con los amplificadores Marshall, el sonido de Gary Moore era crudo y muy saturado, pero conservaba una gran claridad incluso con volumen alto. Tocó tanto en configuraciones de amplificadores de combo como apilados, prefiriendo esta última para el trabajo en vivo.

Aunque Moore usó pedaleras pequeñas, su sonido generalmente carecía de efectos obvios de procesamiento excepto por el uso ocasional de delay y wah-wah. La mayoría de sus tonos característicos eran producidos por sus guitarras y amplificadores.

Música recomendada

Gary Moore – Still Got The Blues

Gary Moore – Blues For Greeny

Gary Moore – Blues Alive

Gary Moore – After Hours

Licks de Gary Moore

Estos licks están escritos en tonalidad de C.

El ejemplo 16a muestra cuánto del estilo de los primeros maestros se puede escuchar en la música de blues de Gary Moore. Esta línea recuerda al lick "de dah" de Albert King con algunos bends altísimos incluidos para bien. Comenzando en la forma dos de la escala de C menor pentatónica, usa tu tercer dedo para hacer el bend del traste 13 y agrega tu segundo dedo para dar soporte. La idea aquí es hacer que estos bends suenen tan vocales como sea posible, así que siéntete libre de abordar cada uno de manera diferente.

Los rizos del tercer compás se tocan con el dedo índice, el primero es rápido, pero tienes todo el tiempo del mundo para ver qué tan despacio puedes hacer un bend de 1/4 de tono en una sola nota. Cuanto más lento, mejor. Agrega un vibrato amplio a todas las notas largas.

Ejemplo 16a:

El siguiente ejemplo comienza con un cliché de blues con un toque adicional, el doble punteo en el bend del traste 11vo. Puntea duro y éntrale a las cuerdas. Puedes aplicar vibrato bajando ligeramente la nota del bend y rápidamente volviendo a subir el tono.

En el segundo compás, haz una cejilla con el primer dedo para tocar las notas del 8vo traste, pero tendrás que cambiar de posición para darle al 11vo traste en el penúltimo compás con el primer dedo.

Ejemplo 16b:

La siguiente frase comienza con el lick cliché de blues, nuevamente con una variación; esta vez las notas agregadas en la cuerda B dan un toque único de Gary Moore. Ten cuidado con el rápido bend que se suelta en el segundo compás, pero el resto de la línea es bastante sencillo y se basa en la escala de C blues. En el compás tres, hemos permitido que algunos armónicos pellizcados se cuelen en la frase de escala de blues descendente. Estos crean una textura completamente nueva y forman un puente placentero entre el blues tradicional y el rock.

Para tocar un armónico pellizcado, permite que la parte carnosa del pulgar y la uña del dedo índice toquen la cuerda cuando punteas.

Ejemplo 16c:

La siguiente línea le debe mucho a los "Three Kings" de la guitarra de blues.

Toca la primera nota con el segundo dedo y la segunda con el primero, prestando atención a las distancias de los bends.

El tiempo de los tresillos de negras en el compás cuatro parece complicado en el papel, pero una vez que los hayas escuchado, descifrarás rápidamente el ritmo. Usa tu dedo índice para hacer las dobles cuerdas y tómate tu tiempo con el slide hacia abajo en la última... definitivamente hay tiempo suficiente para agregar un vibrato agresivo.

Ejemplo 16d:

Los primeros tres compases de la última frase muestran cuánta música se puede hacer con solo unas pocas notas. No hay necesidad de correr por todo el diapasón cuando tienes un muy buen ritmo y tono. Comienza en la "B.B. Box", usa tus dedos tercero y primero para tocar los largos y lentos bends, luego use tus dedos tercero y segundo en el segundo compás. Presta atención a la distancia y la sutileza de los bends en el tercer compás; es un verdadero arte (y una habilidad importante) poder hacer bends por pequeñas distancias lentamente.

Ejemplo 16e:

Robben Ford

Robben Ford nació en Woodlake, California, en 1951, y aprendió a tocar la guitarra a los 14 años, después de haber tocado el saxofón. Su primera influencia en la guitarra fue el legendario guitarrista de blues estadounidense Mike Bloomfield, aunque más tarde también empezó a escuchar jazz. Ford es un guitarrista diverso con fuertes raíces de blues que sustentan la mayor parte de su música

A los 18 años, Ford se mudó a San Francisco para formar la banda Charles Ford (llamada así por su padre, que también era guitarrista), y el grupo fue contratado para tocar con Charlie Musselwhite durante nueve meses en 1972. Grabaron dos álbumes; *The Charles Ford Band* y *Discovering the Blues*. Ford también grabó los álbumes *Live* y *Spoonful* con Jimmy Witherspoon,

Más adelante en los 70s, Ford cambió de dirección musical y se convirtió en miembro del grupo de jazz fusión The L.A. Express con el saxofonista Tom Scott. Este grupo duró hasta 1976, colaboró con Joni Mitchell en dos álbumes y respaldó a George Harrison en su gira estadounidense de 1974. Luego de salir de The L.A. Express, Ford grabó su primer álbum en solitario *The Inside Story*. Lo grabó con los músicos de estudio de la Costa Oeste que eventualmente formaron el grupo de fusión The Yellowjackets en 1977. Ford tocó con ellos hasta 1983, mientras también construía su carrera en solitario y trabajaba como músico de sesión.

En 1986, Ford realizó una gira con el trompetista Miles Davis y pasó dos períodos separados (1985 y 1987) tocando con el saxofonista japonés Sadao Watanabe. Gran parte del trabajo de Ford en este período fue en el género del jazz fusión hasta el lanzamiento de *Talk To Your Daughter* en 1988. El álbum fue un notable regreso a sus raíces de blues e incluía una conmovedora versión de *Born Under A Bad Sign*.

A principios de los 90s, Ford formó The Blue Line y grabó dos de los mejores álbumes de blues-rock de su carrera; *Robben Ford and the Blue Line*, y *Tiger Walk*.

En 1999, lanzó el álbum *Sunrise on Rhino* y más tarde *Supernatural* con el sello Blue Thumb. En el 2002, Ford firmó con el sello Concord Jazz y lanzó *Blue Moon*, seguido de *Keep on Running* (2003) y *Truth* (2007).

Fue invitado especial en el álbum Live in Tokyo de Larry Carlton, al que siguió con el álbum en vivo *Soul on Ten* en el 2009. En el 2013, Ford comenzó su asociación con el sello Provogue y lanzó el álbum de estudio *Bringing It Back Home*, que estaba compuesto principalmente de covers de blues y R&B interpretados por una banda de estrellas. Más tarde, grabó un álbum con un grupo de músicos de sesión de primera categoría en un solo día en el Sound Kitchen Studio de Nashville. *A Day in Nashville*, fue lanzado en febrero del 2014.

Robben Ford ha recibido cinco nominaciones al Premio Grammy y fue nombrado uno de los 100 mejores guitarristas del siglo XX por la revista Musician.

Robben Ford es un músico diverso que trae influencias de muchos géneros diferentes en su interpretación. Su sublime fraseo de blues es probablemente la característica más destacada de su estilo, pero también se basa en un conocimiento considerable de la armonía del jazz y diferentes escalas de acordes. Él emplea regularmente escalas simétricas y arpegios extendidos junto con líneas de escalas pentatónicas y de blues más típicas.

La configuración de su equipo suele ser una Gibson Les Paul o Fender Telecaster tocada a través de un amplificador de válvulas (generalmente Fender, Marshall o su Dumble favorito). Ford también utiliza algo de delay digital y reverb, pero rara vez lo hace en exceso, prefiriendo un tono de guitarra bastante limpio o con overdrive.

Música recomendada

Robben Ford – Robben Ford and the Blue Line

Robben Ford – Handful of Blues

Robben Ford – Talk To Your Daughter

Robben Ford – A Day in Nashville

Licks de Blues de Robben Ford

Estos licks están escritos en tonalidad de G.

El Ejemplo 17a muestra cómo el enfoque creativo de Robben Ford para tocar blues implica ajustar las escalas normales de menor pentatónica para incorporar nuevos tonos coloridos. En este ejemplo, reemplaza el b7 de la menor pentatónica por el 6to grado. Digita la primera nota con tu tercer dedo y el resto debería seguir de forma lógica. La segunda vez que toques el segundo traste, usa tu segundo dedo y aborda el slide de doble cuerda en el quinto traste con tu tercer dedo.

Ejemplo 17a:

El siguiente ejemplo muestra cómo Ford combina de forma magistral las escalas mayor y menor pentatónicas. Cada bend en el décimo traste empuja la 2da mayor hacia territorio de la 3ra menor para una sensación más alegre pero aún blues.

Ejemplo 17b:

Hay algunas digitaciones ligeramente incómodas en el siguiente lick teñido de country. Comienza con tu tercer dedo en la quinta cuerda y toca el lick de silbido de tren con tus dedos primero y segundo. Pasa el tercer dedo por las notas del 12vo traste antes de formar un mini power chord con tus dedos primero y tercero para la siguiente doble cuerda. Luego, coloca el dedo índice en la quinta cuerda para llegar al décimo traste antes de saltar por el diapasón para tocar el octavo traste con el dedo índice.

Ejemplo 17c:

La siguiente línea tiene todo que ver con tener el groove correcto. Una vez más, estamos en la escala de G mayor pentatónica con algunos pequeños empujones hacia el territorio menor pentatónico. En la primera mitad de la línea, al 6to mayor pentatónico se le aplica un bend rápidamente hacia el b7 menor pentatónico. En el segundo compás, la escala menor pentatónica se usa antes de una resolución mayor pentatónica en el compás tres.

Ejemplo 17d:

La última línea de Robben Ford combina fragmentos de acordes con una frase de registro bajo que es típica de su forma de tocar. La primera frase usa dobles cuerdas para esbozar un acorde G7; ten cuidado con la nota de gracia con hammer-on desde la 3ra menor a la mayor.

Muévete por el diapasón para tocar la línea del compás dos comenzando con tu tercer dedo en el 7mo traste. Usa tu cuarto dedo para el último bend y no tengas miedo de arremeter con la púa todo el tiempo, especialmente en la primera nota del trino.

Ejemplo 17e:

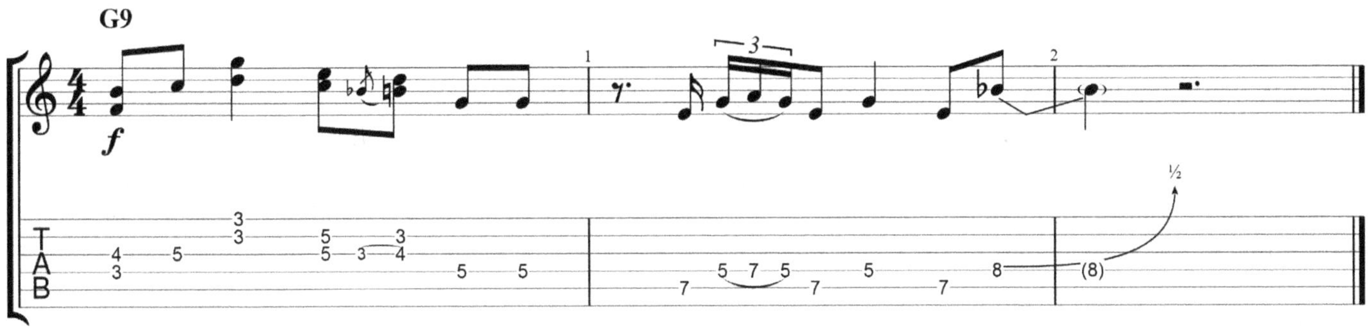

Stevie Ray Vaughan

Stevie Ray Vaughan nació en octubre de 1954 en Dallas, Texas. Inspirado inicialmente por su hermano mayor Jimmie quien tocaba la guitarra, Vaughan recibió su primer instrumento a la edad de 10 años, un modelo de plástico de Sears. Con un oído natural para la música y una obsesión por la guitarra de blues, Vaughan rápidamente aprendió a tocar por sí mismo. Para cuando asistía a la escuela secundaria, ya se presentaba en el circuito de clubes de Dallas.

Con pocas aspiraciones académicas, Vaughan tuvo dificultades en la escuela, y después de una breve inscripción en un programa de arte alternativo, pronto abandonó la educación. Posteriormente se mudó a Austin en Texas para concentrarse en ganarse la vida como músico. Inicialmente, ganar un ingreso estable fue difícil y Vaughan sobrevivió recolectando botellas de cerveza y de refrescos a cambio de dinero en efectivo mientras se alojaba en casas de sus amigos. Pasó todo su tiempo libre tocando música, afinando sus habilidades de guitarra y trabajando con las numerosas bandas que tocaban en el área de Austin.

En 1975, Vaughan y otros músicos locales formaron el grupo Triple Threat. Después de algunos cambios de formación, la banda pasó a llamarse Double Trouble, inspirada en la canción de Otis Rush. Con Vaughan tocando la guitarra y cantando, el grupo desarrolló una gran cantidad de seguidores en todo Texas. Por este momento, la guitarra dinámica de blues de Vaughan fue una gran atracción para su público.

En 1982, Double Trouble llamó la atención de Mick Jagger, quien los invitó a tocar en una fiesta en Nueva York. En el mismo año, Double Trouble se presentó en el Montreux Blues & Jazz Festival con reacciones encontradas.

Mientras se encontraba en Suiza, la destreza en la guitarra de Vaughan llamó la atención de David Bowie, quien le pidió que tocara en su siguiente álbum, *Let's Dance*. La combinación de la guitarra de blues de Vaughan y la voz de Bowie resultó ser un éxito comercial, aunque a pesar de una oferta lucrativa de ir de gira con Bowie, Vaughan eligió permanecer con Double Trouble. Vaughan y sus compañeros de banda fueron rápidamente reclutados por Epic Records, donde fueron apadrinados por el legendario músico y productor John Hammond, Sr.

El álbum debut de Double Trouble, *Texas Flood* fue sorprendentemente exitoso para ser un álbum de blues y alcanzó el puesto 38 en las listas de álbumes, atrayendo la atención de las estaciones de radio de rock en todo Estados Unidos. Vaughan también fue votado como el Mejor nuevo talento y Mejor guitarrista de blues eléctrico en la encuesta de lectores de 1983 realizada por Guitar Player Magazine. Double Trouble realizó una exitosa gira y grabó un segundo álbum, *Couldn't Stand the Weather*, que trepó al número 31 en las listas y finalmente recibió el oro en 1985.

Más éxito comercial estaba por venir con grabaciones y giras que culminaron en varias nominaciones a los Grammy y Vaughan siendo nombrado tanto Entertainer of the Year como Instrumentista de blues del año por The National Blues Foundation en 1985. Fue el primer músico blanco en recibir ambos honores.

A pesar de los éxitos musicales, la vida personal de Vaughan se vio afectada por su incansable agenda de giras y grabación. Su matrimonio se vino abajo y tuvo serios problemas de drogas y alcohol. Tras un colapso en su gira por Europa en 1986, Vaughan ingresó en un centro de rehabilitación. Se mantuvo alejado del foco musical durante aproximadamente un año para recuperarse y en 1988 él y Double Trouble comenzaron a actuar nuevamente. En junio de 1989, el trío lanzó su cuarto álbum de estudio, *In Step*.

En la primavera de 1990, Vaughan y su hermano Jimmie comenzaron a trabajar en un álbum programado para el otoño. *Family Style* estaba programado para octubre, pero lamentablemente Vaughan no vivió para verlo.

El 26 de agosto de 1990, después de un show en Wisconsin, Vaughan abandonó el lugar en un helicóptero con destino a Chicago. Debido a la gran neblina, el helicóptero se estrelló contra una colina de esquí justo después del despegue matando a todos a bordo. Vaughan fue enterrado en el Laurel Land Memorial Park en el sur de Dallas y más de 1,500 personas asistieron a su funeral.

El estilo de guitarra de Stevie Ray Vaughan estuvo fuertemente influenciado por muchos de los grandes del blues y el rock, sobre todo Albert King y Jimi Hendrix. Vaughan tenía un fuerte vibrato en la mano izquierda y una gran habilidad para hacer bends. Prefiriendo principalmente las escalas menor y mayor pentatónicas y de blues, también mostró un conocimiento sofisticado de los voicings de acordes de jazz.

Vaughan estaba estrechamente asociado con la guitarra Fender Stratocaster y tuvo muchas a lo largo de su carrera, siendo su favorita un modelo de 1959 a la cual llamó "Number One". Encordaba sus guitarras con cuerdas de calibre extremadamente pesado y afinadas medio tono abajo para facilitar los bends.

En general, prefería amplificadores de válvulas como Fender Super Reverb y Vibrolux, aunque a veces también grababa con amplificadores Marshall y Dumble. Para los efectos, usó un modelo anterior Ibanez Tube Screamer y un pedal Wah Wah, pero también experimentó con otros efectos, como los altavoces Leslie.

Música recomendada

Stevie Ray Vaughan – Texas Flood

Stevie Ray Vaughan – Couldn't Stand the Weather

Stevie Ray Vaughan – The Sky Is Crying

Stevie Ray Vaughan – SRV

Licks de Stevie Ray Vaughan

Estos licks están escritos en tonalidad de E.

El primer lick de SRV comienza con el cliché del blues y termina al estilo típico de Stevie. El truco es centrarse en la sensación de tresillo de la pista de acompañamiento. Los bends del compás dos tienen distancias diferentes; el primero es de un tono completo, el segundo es un rizo de blues en la 3ra menor.

Stevie a menudo combinó bends largos y lentos con frases más rápidas de hammer-on y pull-off para crear movimiento en su solo, y esto es lo que hemos mostrado en el segundo compás. Usa tu primer y tercer dedos en los dos últimos compases, pasando a la segunda posición de la escala menor pentatónica en el compás tres.

El vibrato es una parte muy importante del sonido de SRV, así que agrega todo el que puedas las notas sostenidas.

Ejemplo 18a:

Stevie normalmente afinaba su guitarra un semitono abajo en Eb y tocaba muchos licks de cuerdas al aire. La combinación de cuerdas al aire con gran calibre y la afinación en Eb contribuyó en gran medida a su tono grueso y sonoro.

El ejemplo 18b combina una figura de slide que está basada en un fragmento del acorde E7 con cuerdas al aire y pull-offs. Usa tu segundo dedo para deslizarte con fuerza hacia la primera nota de cada compás, asegurándote de que las notas y los ritmos de tresillo se acentúen. Líneas como esta pueden convertirse fácilmente en un revuelto si no tienes cuidado. Escucha la pista para entender el tiempo de las últimas notas del segundo compás.

En el compás tres, el rizo en la G baja es un movimiento clásico de SRV al igual que los fragmentos de acordes E7#9 al final de la frase.

Ejemplo 18b:

El ejemplo 18c explora más ideas con cuerdas al aire y añade algunas notas rápidas de la escala de blues.

Comienza en el compás inicial deslizándote con tu segundo dedo. Observa que la nota E se toca dos veces, primero en una nota pulsada y luego en la cuerda al aire. Los intérpretes de blues de Texas a menudo usan esta técnica para crear una variación tonal.

Toca la frase de semicorcheas del compás dos con tus dedos primero y segundo. Puntea con fuerza la primera nota antes de martillar el tercer traste y retirar los dedos en las notas sucesivas hasta la cuerda al aire. Acentúa la nota en la cuarta cuerda antes de tocar el rizo en la sexta y deja que el resto de la frase sigua sonando.

Ejemplo 18c:

Ahora saltamos por el diapasón para tocar en la octava superior de E menor pentatónica, en la forma uno. Comenzando con el cliché de blues favorito de SRV, este lick combina bends de varias velocidades y distancias. Hay más frases legato rápidas puntuadas por notas de escala punteadas agresivamente.

Los desafíos en esta línea son los bends lentos en el segundo compás. Usa tu tercer dedo y recuerda agregar vibrato al segundo bend una vez que alcances el tono objetivo.

Observa cómo el tono de la guitarra cambia enormemente cuando te mueves hacia las cuerdas inferiores. Para obtener puntos extra, intenta trasladar toda la frase por una octava y tocarla en la posición abierta de la guitarra.

Ejemplo 18d:

El último lick de Stevie Ray se toca una vez más en la posición abierta y combina más de las peculiaridades típicas de SRV.

Puede ser difícil lograr que el primer bend esté afinado (especialmente con cuerdas gruesas) ya que está cerca de la cejuela de la guitarra y la cuerda está bajo mayor tensión.

Observa cómo se toca la nota E tanto en las posiciones pulsada como en la abierta para dar variación tonal. Este enfoque le abre la puerta a muchos trucos de cuerda al aire, especialmente con la escala de E menor pentatónica.

Los acordes del compás cuatro son voicings de E7#9, y el ritmo de tresillo que corta contra el groove de la pista es otro truco favorito de SRV.

Como con todos los licks de Stevie Ray Vaughan, dale fuerte con la púa... ¡Puntea duro o ni lo intentes!

Ejemplo 18e:

Joe Bonamassa

Joseph Leonard Bonamassa nació el 8 de mayo de 1977 en New Hartford, New York y su talento musical se notó a una edad temprana. Habiendo comenzado su viaje con la guitarra a la edad de cuatro años, ya tocaba canciones de Stevie Ray Vaughan a la edad de siete años. Fue apadrinado por el guitarrista Danny Gatton desde los 11, y cuando tenía 12 años formó su propia banda llamada Smokin' Joe Bonamassa, que se presentaba en el oeste de New York y en Pensilvania. Bonamassa también fue invitado a tocar con B.B. King alrededor de esa misma edad.

Bonamassa comenzó su propia carrera discográfica a principios de los 90s con una banda llamada Bloodlines, que incluía varios descendientes de rockeros de alto perfil (incluyendo a Berry Oakley Jr., hijo de Allman Brothers Band, el hijo del bajista Robby Krieger, Waylon, y el hijo de Miles Davis, Erin). Su álbum debut, *Bloodline* en 1994 fue una fusión de blues, funk, boogie y rock. Siguieron presentaciones como teloneros de artistas de alto perfil en giras con Buddy Guy, Foreigner, George Thorogood, Robert Cray, Stephen Stills, Joe Cocker y Gregg Allman, entre muchos otros.

El primer álbum en solitario de Bonamassa, *A New Day Yesterday*, fue una grabación sorprendentemente madura y completa para un joven de 23 años y recibió una considerable aclamación de la crítica. El álbum también alcanzó el número 9 en la lista Billboard Blues. Sus talentos se mantuvieron en gran medida confinados a los EE. UU. durante un tiempo, pero con una creciente base de admiradores tanto del mundo del blues como del rock, su éxito comercial creció rápidamente y sus tours comenzaron a venderse por completo. En el 2007, *Sloe Gin* (su séptimo álbum de estudio) finalmente le traería éxito internacional.

Sloe Gin recibió una gran difusión en Planet Rock a lo largo del 2007 y el álbum subió a las listas de álbumes del Reino Unido gracias a las críticas favorables de las personas que lo vieron en su gira por el Reino Unido. En 2008, el álbum *Live from Nowhere in Particular* tuvo más éxito para Bonamassa (particularmente en el Reino Unido), llegando al número 45 en las listas de álbumes, un logro excepcional para un guitarrista de blues.

En el 2010, con su nuevo álbum de estudio *The Ballad of John Henry*, y una actuación muy aclamada en el Royal Albert Hall, llegó un éxito comercial duradero para Bonamassa. Su siguiente lanzamiento en estudio, *Black Rock*, fue su álbum de estudio individual en llegar a lo más alto. El 2010 también vio a Bonamassa tocar más de 200 conciertos y formar el grupo Black Country Communion con Glenn Hughes, Jason Bonham y Derek Sherinian.

En el 2011 Bonamassa lanzó *Dust Bowl*, seguido de un segundo álbum con BCC, y un álbum llamado *Don't Explain* con la cantante de blues Beth Hart, todo mientras continuaba con un largo calendario de giras.

Bonamassa tiene un tono de guitarra distintivo y moderno, y generalmente toca una Gibson Les Paul Signature. Ha actuado con varios otros instrumentos y es un reconocido coleccionista de guitarras vintage. Por lo general, prefiere amplificadores de válvulas como Marshall, Suhr y Friedman.

Bonamassa tiene una técnica de guitarra refinada y se puede decir que está entre los mejores técnicos en el idioma moderno del blues. Puede replicar fácilmente tanto estilos de interpretación clásicos como modernos y, a diferencia de los intérpretes de blues de generaciones anteriores, utiliza líneas de rock con punteo alternado y arpegios.

Música recomendada

Joe Bonamassa – Blues Deluxe

Joe Bonamassa – Live from the Royal Albert Hall

Joe Bonamassa – Blues of Desperation

Joe Bonamassa – A New Day Yesterday

Licks de Joe Bonamassa

Estos licks están escritos en tonalidad de A.

El ejemplo 19a muestra las influencias de las primeras épocas del blues de Bonamassa y le rinde homenaje a intérpretes como B.B. King y Elmore James. Comienza en la "B.B. Box" y agrega un lick "de dah" al final del compás uno. Mira qué tan lento puedes hacer el bend en las notas hasta alcanzar el tono requerido.

Ejemplo 19a:

El siguiente ejemplo es la forma 1 menor pentatónica de inicio a fin y muestra una gran colocación y madurez en la elección de notas. El primer bend en el 8vo traste es extremadamente lento, así que concéntrate en hacer un bend suave y gradual en todo momento. Presta atención a los ritmos con puntillo en el segundo compás; estos agregan energía y contraste con la primera frase.

Ejemplo 19b:

La parte más difícil del siguiente ejemplo es agregar el rizo de blues en la primera nota de cada tresillo. Practica esta idea lentamente y usa tu tercer dedo para las notas del 8vo traste. El estilo de Bonamassa trata a menudo de yuxtaponer estas líneas más rápidas con frases mucho más lentas, que es lo que hemos hecho en el segundo compás.

Ejemplo 19c:

Bonamassa está obviamente influenciado por algunos de los mejores guitarristas de rock de los 70s y 80s. La siguiente línea ha sido tocada por todos, desde Jimmy Page hasta Paul Gilbert.

La secuencia pentatónica que desciende rápidamente pasa de la forma uno hacia la forma cinco. Se ve intimidante en el papel, pero no dejes que eso te afecte, una vez que entiendes la idea de la secuencia de "cuatros descendentes", la idea es bastante simple. En realidad lo más difícil es llegar al 7mo traste para el bend final.

Ejemplo 19d:

El ejemplo 19e es otra línea de semicorcheas con un toque moderno. Hay una cierta lógica en el patrón, pero Bonamassa a menudo logra subvertir con éxito las expectativas del oyente. Es un maestro de la combinación del lenguaje de rock moderno con la pasión y el fraseo del blues.

Ejemplo 19e:

Derek Trucks

Derek Trucks nació en Jacksonville, Florida en junio de 1978 y es el sobrino del baterista por mucho tiempo de Allman Brothers, Butch Trucks. Trucks compró su primera guitarra en una venta de garaje por U$5 a la edad de 9 años y realizó su primera presentación profesional cuando tenía 11 años. Trucks supuestamente comenzó a tocar la guitarra con un slide porque le permitía tocar usando sus (entonces) muy pequeñas manos. Para su cumpleaños número 13, Trucks ya había tocado junto a Buddy Guy, The Allman Brothers, y había realizado una gira con el grupo Thunderhawk.

Antes de los 20, Trucks ya había compartido escenarios y tenido sesiones de improvisación con artistas legendarios como Bob Dylan, Joe Walsh y Stephen Stills. La Derek Trucks Band, formada por miembros con edades comprendidas entre los veinte y los cuarenta, lanzó su álbum debut homónimo en 1997 en Landslide Records. *Out of the Madness* siguió a fines de 1998. Después del cambio de milenio, también lanzaron *Joyful Noise* (2002), *Soul Serenade* (2003), *Live at Georgia Theatre* (2004) y *Songlines* (2006).

En junio del 2010, The Trucks Band lanzó *Roadsongs*, que se grabó en vivo en Chicago durante su gira mundial de 2009, *Already Free*. Además del álbum, Trucks y su esposa Susan Tedeschi formaron una banda de gira, y aparecieron juntos en el álbum *The Imagine Project* de Herbie Hancock, cantando el clásico de Matthew Moore, *Space Captain*.

El grupo de la pareja, The Tedeschi-Trucks Band, era un conjunto de soul-blues de 11 miembros que incluía a Oteil y Kofi Burbridge, en bajo y teclados, y los bateristas J.J. Johnson y Tyler Greenwell. El grupo firmó con Sony y lanzó su álbum debut *Revelator on Masterworks* en junio del 2011.

Trucks ha hecho giras y tocado con un gran número de guitarristas, desde B.B. King hasta John Mayer, quienes admiran su estilo único. Ha ganado tres premios Grammy con The Tedeschi Trucks Band por el Mejor álbum de blues y por Logro de toda una vida. No hay duda de que Trucks todavía tiene mucho que ofrecer en términos de producción musical creativa.

La guitarra característica de Trucks es una Gibson SG normalmente afinada en E abierta (E, B, E, G#, B, E) y generalmente toca con un slide. Su tono es generalmente un sonido cálido con overdrive a través de un amplificador Fender o, más recientemente, un PRS. Aunque la ganancia generalmente se ajusta bastante baja en sus amplificadores, a menudo agrega drive adicional para ayudar a proporcionar un clímax a sus solos de slide.

Derek Trucks es muy diferente en comparación con un intérprete de blues típico. Lo más notable de su forma de tocar es que su técnica de slide suena completamente ilimitada; él puede tocar a altas velocidades tanto notas individuales como acordes, lo cual es un gran desafío técnico. Utiliza sus dedos para puntear notas y le permiten silenciar cuerdas innecesarias cuando usa su slide.

Trucks va mucho más allá de las escalas pentatónica y de blues en sus solos, utilizando tonos de otros modos como el dórico y el mixolidio, y también explora varias escalas indias.

Música recomendada

Derek Trucks – Joyful Noise

Derek Trucks – The Derek Trucks Band

Derek Trucks – Live at Georgia Theatre

Derek Trucks – Songlines

Licks de Derek Trucks

Estos licks están escritos en tonalidad de D.

Todos los siguientes ejemplos usan un slide y la guitarra está afinada en E abierta. De bajo a alto es E B E G# B E. Si no estás acostumbrado a tocar con slide, intenta colocarlo en tu tercer dedo y permitiendo que el segundo dedo cepille ligeramente las cuerdas detrás del slide para detener el ruido no deseado.

Cuando uses un slide, debes colocarlo directamente encima de cada traste (no en el espacio entre trastes donde colocarías el dedo cuando digitas normalmente) de lo contrario, cada nota sonará en bemol. Puedes crear vibrato moviendo rápidamente el slide hacia adelante y hacia atrás.

La técnica de slide de Derek Trucks podría llenar un libro completo, así que hemos tratado de extraer algunas de las ideas más accesibles aquí.

El primer ejemplo se basa en un arpegio D7 y la escala mayor pentatónica. Las primeras tres notas pueden ser difíciles al principio debido a su ubicación diagonal y la falta de familiaridad con el slide. La segunda mitad del lick es una línea mucho más amigable que desciende en las cuerdas del medio.

Ejemplo 20a:

Trucks es un maestro del fraseo y la siguiente línea simula su uso de solo dos notas para crear un ritmo cruzado interesante. La frase de dos notas se toca en tresillos para crear un acento móvil que se desplaza por el compás. La parte difícil es hacer el deslizamiento hacia atrás después de cada nota en la segunda cuerda. Aprende la línea sin los deslizamientos y agrégalos cuando puedas sentir el ritmo de tres contra dos en la melodía.

El segundo compás continúa con una sensación menos obvia de tres contra dos creada por el cambio de cuerda y la línea de melodía.

Ejemplo 20b:

El ejemplo 20c es más una frase de blues más "normal" alrededor de la escala de D mayor pentatónica. La clave es mantener siempre el slide en movimiento y deslizarse hacia y desde cada nota.

Ejemplo 20c:

La siguiente idea es una frase de escala mayor/mixolidia que esboza bien el acorde D7. El salto al G alto es inesperado y realmente salta hacia ti. El fraseo esta arreglado de una manera interesante debido a la nota repetida en los tiempos 1 y 2.

Ejemplo 20d:

El último lick de Derek Trucks es una idea inusual, ascendente cromáticamente que aprovecha parte de la simetría en la afinación de E abierta. Silenciar detrás del slide con un dedo libre es importante aquí, de lo contrario todo se volverá una mezcolanza. El vibrato se crea moviendo rápidamente el slide a cada lado del traste.

La segunda parte de la línea usa nuevamente la simetría de la afinación para descender entre fundamentales (D) a través de la mayor parte de la escala mayor.

Ejemplo 20e:

Ejemplo de solo de blues 1:

El primer solo de guitarra de blues demuestra cómo puedes desarrollar fácilmente un auténtico vocabulario de blues combinando varios licks de este libro. La mayoría de los guitarristas de blues han desarrollado su estilo de interpretación al imitar los licks de otros intérpretes y luego moldearlos a sus propios gustos musicales. El solo se toca sobre una progresión típica de blues I IV V en A y utiliza licks de Albert King, Joe Bonamassa y Albert Collins.

El solo comienza con un lick de Albert King (ejemplo 3a) tocado durante los primeros cuatro compases. Ten cuidado con el ligero rizo de blues en el compás 2 para obtener el auténtico toque de King. Este lick se toca completamente dentro de la "caja" de blues estándar alrededor del 5to traste y puedes usar tu 4to dedo para tocar la doble cuerda en el segundo tiempo. Este lick es seguido inmediatamente por otro lick de Albert King (ejemplo 3c) en los compases 5-7. Ten cuidado de no estirar demasiado los pequeños bends en el compás 6. En el compás 7, usa tu primer dedo para hacer una cejilla en las dos cuerdas superiores para facilitar los rápidos pull-offs.

Un lick de Joe Bonamassa (ejemplo 19d) sigue en los compases 8 - 9, donde tendrás que puntear con cuidado y precisión para lograr el ritmo repetido de semicorcheas que es requerido. Este lick se toca completamente dentro de la forma típica de caja de blues en el 5to traste y termina con un bend de tono entero en la 3ra cuerda en el 7mo traste.

Los últimos tres compases (10 -12) utilizan un lick de Albert Collins (ejemplo 5d) que se toca principalmente en tresillos de corchea. Ten cuidado con la nota de paso cromática en el compás 11 en el tercer tiempo. Este es un artefacto melódico que muchos intérpretes usan para aumentar sus frases con notas fuera de la escala pentatónica regular, y pueden agregarle verdadero sabor a tu interpretación del blues.

El solo termina con un bend de tono entero en el último compás, seguido por un pull-off antes de aplicar un montón de vibrato de blues a la nota final.

Ejemplo de solo de blues 2:

Este segundo solo de guitarra sigue la misma progresión de acordes de blues en A, pero con diferentes licks. Algunos de estos han sido transpuestos desde sus tonalidades originales. Los guitarristas de blues constantemente aprenden frases en una tonalidad y luego las pasan a otras tonalidades según sea necesario. Por ejemplo, el primer lick de Gary Moore que abre el solo (ejemplo 16b) originalmente estaba en la tonalidad de C.

Puedes usar la misma digitación que el original; lo único que cambia es que se toca en una ubicación diferente en el diapasón. Agrega el slide indicado en el compás 3 (tiempo uno) y asegúrate de que cada bend llegue al tono deseado.

El vibrato bien controlado es crucial para hacer que estos licks de blues cobren vida, así que sigue la música atentamente para ver dónde se usa la técnica.

El segundo lick utilizado en este solo proviene del gran Johnny Winter (ejemplo 12e) y se transpone de la tonalidad original de C a A. Se agrega una nota cromática dentro de la figura del tresillo en el último tiempo del compás 9 para agregar un poco de tensión .

El último lick proviene de Eric Clapton (ejemplo 13b) y proporciona una conclusión fantástica para el solo. Los ritmos de semicorchea en el compás 11 deben tocarse con precisión para mantenerse en el tiempo con la pista de acompañamiento.

Observa dónde se utilizan los hammer-ons y los pull-offs, ya que te ayudarán a lograr un auténtico sonido de blues.

Conclusiones y lectura adicional

¡Bien, ahí lo tienes! 100 fantásticos licks de guitarra al estilo de los mejores músicos de blues del mundo. Esperamos que hayas disfrutado el viaje y que sigas estudiando este libro en los años venideros.

Como mencionamos en la introducción, le sacarás el máximo provecho a este libro haciendo que cada lick sea tuyo propio. Aunque es valioso copiar el estilo de los músicos que te encantan, te beneficiarás mucho más al moldear cada lick con tu voz propia.

Experimenta cambiando el ritmo, el fraseo, la articulación y la velocidad de cualquier frase, y ajústala a tu propia personalidad. Así es como se desarrolla el lenguaje y como crearás tu propia voz auténtica en el instrumento. Un solo lick puede darte horas de placer creativo en la sala de práctica.

La mejor práctica que puedes tener es tocar estos licks con un grupo de improvisación, ya sea en vivo o en una sala de ensayo. La guitarra se siente muy diferente cuando te alejas de la comodidad de tus pistas de acompañamiento.

Una nota de Joseph:

Me enorgullece decir que Fundamental Changes ha lanzado ya 70 métodos de guitarra, y algunos de esos títulos te ayudarán a desarrollar y personalizar tu propio lenguaje.

Mi libro, **Fraseo melódico en guitarra de blues**, le da una mirada detallada a cómo puedes aprender la sensación musical. Una vez le pregunté a un profesor cómo hacía un famoso guitarrista para tocar de la forma en que lo hacía. Y me respondió "Simplemente lo está sintiendo". Bueno, tal vez eso era cierto, pero fue una respuesta inútil viniendo de un maestro. Me propuse desglosar la sensación musical en un conjunto preciso de ideas y habilidades, y ese estudio condujo a Fraseo melódico en guitarra de blues. Todo lo que hay allí también es completamente aplicable a la guitarra de rock.

Algunas de las ideas teóricas en este libro pueden ser nuevas para ti. Intento mantener la teoría al mínimo y enfocarme en la música. Sin embargo, dos libros que he escrito para mostrar la aplicación práctica de la teoría son **Escalas de guitarra en contexto** y **Guía práctica de la teoría moderna para guitarristas**.

Ambos libros son extremadamente prácticos y realmente ayudan con la aplicación musical de la teoría en el día a día.

Si estás buscando un desarrollo técnico sólido, el libro de Simon Pratt **Guitar Finger Gym** es una guía impresionante para la mayoría de los aspectos de la técnica de guitarra, y mi libro **Técnica completa para guitarra moderna** es también un buen acompañamiento.

Sobre todo, diviértete aprendiendo la música que te gusta. Si no estás sonriendo, ¡lo estás haciendo mal!

Acerca de Pete Sklaroff

Pete Sklaroff es un guitarrista independiente, autor, profesor y músico de estudio con más de 30 años de experiencia profesional en la industria de la música. También es el exdirector adjunto de música y director de estudios de jazz en el College of music de Leeds en el Reino Unido.

Pete opera una práctica de enseñanza de guitarra en línea con gran éxito y le ha enseñado a cientos de guitarristas en el transcurso de los años. Es un colaborador desde hace mucho tiempo de Fundamental Changes, grabando muchos de los ejemplos de audio para sus exitosas publicaciones de guitarra y también es un músico de estudio muy solicitado.

Pete puede ser contactado a través de su sitio web: www.petesklaroff.com

¡Obtén un libro gratis!

Si has disfrutado este libro, tómate un momento para escribir una opinión en Amazon. Si nos envías un correo electrónico a **webcontact@fundamental-changes.com** con un enlace a tu opinión te enviaremos gratis el libro que elijas de la siguiente lista:

25 licks de la escala de blues para guitarra de blues

25 licks de mayor pentatónica para guitarra de blues

25 licks de ii V I mayor para guitarra de jazz

o

Voicings drop 2 para jazz y guitarra moderna

¡Solo dinos cuál quieres!

P. D. ¡no estamos haciendo esto para sobornarte a cambio de opiniones positivas! Lo hacemos para obtener retroalimentación honesta que nos ayuda a crecer como pequeña editorial y a mejorar continuamente nuestros libros.

Dicho esto, si tienes algún problema, contáctanos antes de escribir una opinión negativa. Las muy pocas opiniones negativas que recibimos generalmente se deben a problemas técnicos o de audio que podemos resolver rápidamente para ti. Es realmente frustrante obtener una opinión negativa en Amazon por algo con lo que podemos ayudar fácilmente.

Los mejores deseos,

Joseph

Otros títulos de Fundamental Changes

Guía completa para tocar guitarra blues - Libro 1: Guitarra rítmica

Guía completa para tocar guitarra blues - Libro 2: Fraseo melódico

Guía completa para tocar guitarra blues - Libro 3: Más allá de las pentatónicas

Guía completa para tocar guitarra blues - Compilación

El sistema CAGED y 100 licks para guitarra blues

Dominio del ii V menor para guitarra de jazz

Solos de jazz blues para guitarra

Escalas de guitarra en contexto

Acordes de guitarra en contexto

Los primeros 100 acordes para guitarra

Dominio de los acordes en guitarra jazz (Acordes de guitarra en contexto –Parte 2)

Técnica completa para guitarra moderna

Dominio de la guitarra funk

Teoría, técnica y escalas - Compilación completa para guitarra

Dominio de la lectura a primera vista para guitarra

El sistema CAGED y 100 licks para guitarra rock

Guía práctica de la teoría musical moderna para guitarristas

Lecciones de guitarra para principiantes: Guía esencial

Solos en tonos de acorde para guitarra jazz

Solos en tonos de acorde para bajo

Continuidad armónica en guitarra jazz

Fluidez en el diapasón de la guitarra

El círculo de quintas para guitarristas

Primeras progresiones de acordes para guitarra

Los primeros 100 acordes de jazz para guitarra

100 licks de country para guitarra

Pop y rock para ukulele: Rasgueo

Walking bass para jazz y blues

Gimnasio de dedos para guitarra

Recetario de menor melódica

Método de guitarra del blues de Chicago

Guitarra rítmica del Heavy Metal

Guitarra líder del Heavy Metal

Guitarra del Metal progresivo

La biblia del Heavy Metal para guitarristas

Solos pentatónicos exóticos para guitarra

La compilación completa de solos para guitarra de jazz

Compilación de acordes para guitarra de jazz

Fingerstyle en guitarra de blues

El método de guitarra DADGAD

La guitarra del country para principiantes

Método de guitarra líder para principiantes

El método de guitarra fingerstyle del country

Más allá de la guitarra rítmica

La guitarra rítmica en el rock

Cambios fundamentales en guitarra de jazz

Estrategias de velocidad neo-clásica para guitarra

Técnicas de solos para guitarra de country

100 licks clásicos de rock para guitarra